Enfin je dors...
et mes parents aussi

La Collection du CHU Sainte-Justine
pour les parents

Enfin je dors...
et mes parents aussi

Evelyne Martello

Éditions du
CHU Sainte-Justine

Catalogage avant publication de Bibliothèque et Archives Canada

Martello, Evelyne

Enfin je dors… et mes parents aussi

(La Collection du CHU Sainte-Justine pour les parents)
Comprend des réf. bibliogr.

ISBN 978-2-89619-082-9

    1. Sommeil, Troubles du, chez l'enfant - Ouvrages de vulgarisation. 2. Enfants - Sommeil - Ouvrages de vulgarisation. I. Titre. II. Collection: Collection du CHU Sainte-Justine pour les parents.

RJ506.S55M37 2007   618.92'8498   C2006-942348-2

Illustration de la couverture et de la page 68 : Marie-Claude Favreau

Infographie : Nicole Tétreault

Diffusion-Distribution au Québec : Prologue inc.
                      en France : CEDIF (diffusion) – Casteilla (distribution)
                      en Belgique et au Luxembourg : SDL Caravelle
                      en Suisse : Servidi S.A.

Éditions du CHU Sainte-Justine
3175, chemin de la Côte-Sainte-Catherine
Montréal (Québec) H3T 1C5
Téléphone : 514 345-4671
Télécopieur : 514 345-4631
www.chu-sainte-justine.org/editions

Dépôt légal : Bibliothèque et Archives nationales du Québec, 2007
                 Bibliothèque et Archives Canada, 2007

Chaque soir (berceuse)

Chaque soir
Est un beau soir
Quand vient le temps de dire bonjour aux rêves
Chaque soir
Est un beau soir
Quand une autre journée d'amour s'achève
Car la nuit
Qui vient déjà
Te prend par la main pour aller plus loin
Au pays des rêves doux
Ferme tes grands yeux et à demain…matin.

(Paroles et musique : Jean-Guy MOREAU)

REMERCIEMENTS

Je désire exprimer mes remerciements aux personnes suivantes :

le docteur Céline Belhumeur, pédiatre développementaliste, spécialiste en troubles de sommeil au CHU Sainte-Justine. Elle m'a grandement aidée à développer mes connaissances ainsi que mon expérience clinique. Je la remercie pour sa confiance et son soutien pendant les dix dernières années, pour les conseils judicieux qu'elle m'a donnés dans l'élaboration de ce présent livre et pour avoir accepté de le préfacer ;

le docteur Dominique Cousineau, pédiatre développementaliste, qui m'a confié la responsabilité de rédiger cet ouvrage ;

mon conjoint, Sylvain, pour son sens critique dans la lecture des textes, mes enfants, Jean-Christophe et Béatrice, qui m'ont permis d'appliquer des conseils et des éléments de solution présentés dans ce livre Un merci tout particulier à ma fille Béatrice qui m'a permis, en vivant quelques problèmes de sommeil, de découvrir les bienfaits et les vertus de certains produits naturels dont il est question dans ce livre ;

Francine O'leary, orthophoniste au Centre de réadaptation Montérégien et mère, pour ses commentaires constructifs sur les textes ;

l'équipe des Éditions du CHU Sainte-Justine, Luc Bégin et Marise Labrecque, pour leur soutien dans la rédaction du livre ;

Dominica Labasi, travailleuse sociale au CLSC Saint-Louis du Parc, qui m'a offert son expertise et m'a conseillé pour la section traitant de l'adoption ;

Jean-Guy Moreau, humoriste et compositeur, qui m'a autorisée à reproduire ici le texte d'une petite berceuse qu'il a composée et qui saura vous inspirer autant qu'elle m'a charmée ;

enfin, à tous les parents qui m'ont fait confiance en me soumettant leurs problèmes et en me poussant à chercher des moyens et des solutions pour les aider, ainsi que leurs enfants, à mieux dormir la nuit…

Préface

Nombreux sont les parents dont l'enfant présente un problème de sommeil. Il leur semble que tous les enfants de l'entourage immédiat dorment paisiblement toute la nuit... quoi de plus simple puisque la nuit est faite pour dormir.

Pourtant, près d'une consultation pédiatrique sur cinq est initiée par des parents dont l'enfant présente un problème de sommeil. Malgré leur apparence bénigne, les problèmes de sommeil de l'enfant sont fréquemment la cause d'une grande détresse familiale. La fatigue excessive des parents entraîne conflits conjugaux, tensions familiales, absentéisme, problèmes scolaires, troubles psychologiques... dont l'impact peut être considérable.

Le développement d'une bonne hygiène de sommeil, nécessaire à l'établissement d'un cycle de sommeil régulier, n'est pas inné chez l'enfant. Comme dans toutes les autres sphères de son développement, il a besoin d'être guidé et encadré. Les parents, comme dans bien d'autres domaines, sont les premiers maîtres d'œuvre. Dans leur quête de soutien pour cette tâche délicate, ils sont inondés d'informations plus ou moins pertinentes et parfois même contradictoires... comment s'y retrouver?

Forte d'une dizaine d'années d'expérience de consultation en clinique de sommeil, de nombreuses conférences et de son expérience parentale, l'auteur propose une variété de conseils pratiques, de stratégies et de moyens concrets qui se sont avérés efficaces pour aider bébé à bien dormir... et ses parents aussi.

Elle informe les parents sur les notions théoriques permettant de comprendre l'origine du problème de sommeil, les accompagne dans l'instauration d'une bonne hygiène de sommeil et les aide à reconnaître certaines conditions médicales ou particulières entravant le sommeil de l'enfant.

À l'aide d'exemples cliniques, elle guide les parents dans le choix de la solution appropriée à leur situation.

Ce livre se veut un guide pour que vous puissiez, parents, bénéficier de l'expertise qu'a développée l'auteur en travaillant auprès de parents et d'enfants qui peuvent maintenant dormir jusqu'au matin!

Céline Belhumeur,
pédiatre développementaliste

TABLE DES MATIÈRES

INTRODUCTION

Il arrive très souvent que les parents dorment mal la nuit. C'est la plainte parentale la plus fréquente lors des consultations chez le pédiatre. En effet, en plus des exigences de la vie quotidienne, les parents voient souvent leurs nuits interrompues par leurs jeunes enfants qui les réclament, perturbant ainsi leur sommeil. Il n'est pas rare que les parents s'en trouvent grandement affectés, tant dans leur vie professionnelle et familiale que dans leur vie de couple. Il y a donc là matière à intervenir, car au moins un membre de la famille en souffre... et c'est rarement l'enfant.

De plus, chez le jeune enfant, une mauvaise qualité de sommeil et le nombre insuffisant d'heures qui y sont consacrées peuvent entraîner des problèmes de santé, d'attitudes et d'humeur (très souvent, ces mêmes répercussions finissent aussi par être ressenties par le reste de la famille). À la longue, cela peut même créer des problèmes de comportement, à l'école ou ailleurs.

Le présent livre est le fruit de plus de dix ans de consultation et d'intervention auprès de milliers de parents. Au fil des années, nous avons développé avec eux différentes stratégies pour faire en sorte que leurs enfants dorment bien. Nous vous proposons ici quelques approches qui ont fait leurs preuves. Bien que nous nous soyons inspirés des principales techniques de base connues, nous les avons adaptées au fur et à mesure que se forgeait notre expérience et selon les particularités de chaque famille, afin d'arriver à de meilleurs résultats.

On trouvera dans les pages qui suivent une brève présentation des éléments théoriques relatifs au sommeil, des renseignements sur la routine du coucher, ainsi que différentes techniques permettant le sevrage de la présence parentale. On trouvera également de nombreux trucs pour aider les parents à affronter certaines situations ou des difficultés particulières reliées ou non à des problèmes de santé. Tout au long de l'ouvrage, des exemples concrets appuieront le texte. Il sera ainsi plus facile pour les parents de choisir la solution appropriée à leur situation. Chaque enfant est unique, mais dans la majorité des cas, les interventions proposées s'appliquent à plusieurs types de situations. Par ailleurs, c'est vous, les parents qui êtes les meilleurs juges du moment le plus approprié pour amorcer des démarches menant à de meilleures nuits de sommeil… pour toute la famille.

CHAPITRE 1

Le sommeil

Incidence, état de la situation

Il y a beaucoup de problèmes de sommeil chez le jeune enfant et encore plus chez le bébé. En fait, de 20 à 30 % des enfants ont des problèmes de sommeil et ce chiffre augmente si l'enfant a une pathologie associée. Plus particulièrement, on note les faits suivants :

- il y a une forte proportion des problèmes chez les enfants âgés de moins de 5 ans ;

- si un bébé de 8 mois présente des problèmes de sommeil, il les aura encore à 3 ans si on n'intervient pas ;

- lorsqu'un enfant a des problèmes de sommeil à 2 ans, il les aura encore à 5 ans, ce qui incite à intervenir le plus tôt possible ;

- de 4 à 6 mois jusqu'à 3 ans, les enfants manifestent beaucoup de problèmes d'association (voir *Importance des routines, des associations liées à l'endormissement et de l'hygiène de vie*, à la page 31). Les habitudes de boire pour s'endormir peuvent amener des réveils et des boires nocturnes jusqu'à l'âge de 3 ans, si le problème n'est pas résolu ;

- il est plus facile de résoudre les problèmes de sommeil le plus tôt possible après leur apparition et ce, avant l'âge de 12 mois ;

- la période entre 18 mois et 2 1/2 ans est la plus difficile pour régler les problèmes, bien que ce ne soit pas impossible ;

- la période entre 2 1/2 ans et 5 ans en est une où l'enfant comprend relativement bien, c'est aussi une période où le parent peut réussir sans trop de difficultés à améliorer les habitudes de sommeil ;

- de 0 à 2 ans, il y a plus de résistance au coucher et plus de réveils nocturnes prolongés. C'est vers 18-24 mois que peuvent apparaître les peurs du noir et le début des cauchemars. En fait, plus de 50 % des enfants font des cauchemars entre 3 et 6 ans. Dans ce groupe d'âge, les réveils nocturnes sont moins prolongés, mais l'enfant a plus tendance à se lever et venir rejoindre les parents dans leur lit ;

- environ 15 % des enfants ont au moins un épisode de somnambulisme dans leur vie alors que seulement 6 % en ont plus régulièrement ;

- en ce qui concerne les terreurs nocturnes, environ 6 % des enfants en manifestent et la proportion est plus grande chez les garçons ;

- on rapporte que 5 % à 20 % des enfants grincent des dents (bruxisme) au cours de la nuit, mais il existe peu de traitement pour corriger ce phénomène. On arrive à le maîtriser avec une bonne hygiène de sommeil et il y a des solutions pour éviter des complications dentaires ;

- chez les enfants qui résistent au coucher ou chez les plus vieux qui se couchent tard le soir et qui se lèvent tard le matin, on remarque un délai de phase qui résulte d'un décalage de l'horloge biologique. Cela est très fréquent chez les adolescents, puisque leur vie sociale et plusieurs facteurs physiologiques et environnementaux interfèrent avec leur hygiène de sommeil.

Par ailleurs, certains problèmes peuvent survenir lorsque le parent a des attentes inappropriées envers le sommeil de son enfant. Par exemple, si le parent veut coucher son enfant tôt le soir et que ce dernier a fait une sieste d'une durée de deux heures en après-midi, il peut se développer un comportement de résistance au coucher et aussi un trop grand laps de temps avant de s'endormir. On évitera facilement ce problème en réduisant le temps de la sieste ou encore en couchant l'enfant un peu plus tard. Il faut aussi être très vigilant par rapport aux besoins de sommeil, car ceux-ci varient selon les âges.

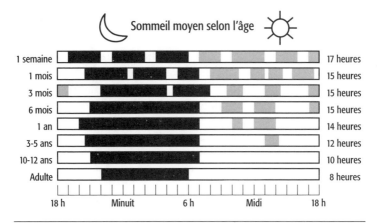

À gauche : âge. À droite : durée moyenne du sommeil à chaque âge (l'écart sur la moyenne est d'environ deux heures). En blanc : état de veille. En noir : sommeil nocturne. En gris : sommeil de jour (siestes). D'après Challamel et Thirion. *Mon enfant dort mal.*

Un peu de théorie

Développement des cycles de sommeil

La durée des cycles de sommeil est d'environ 50 minutes chez le nourrisson. Vers l'âge de 3 ans, cela augmente à 90-120 minutes, ce qui correspond aussi à la durée des phases de sommeil chez l'adulte. Déjà, *in utero*, il y a une organisation des stades de sommeil. Le stade REM (*Rapid Eyes Movements*), qui est la phase des rêves, se développe vers 6 ou 7 mois de grossesse et les autres stades se développent vers 7 ou 8 mois. Après la naissance, l'organisation du sommeil est en grande partie influencée par la lumière du jour, l'horaire des boires et les activités de la journée. Ces éléments (appelés donneurs de temps) sont essentiels pour régulariser les cycles de sommeil; ils doivent donc être réguliers et stables. Il y a aussi des libérations hormonales qui permettent de régulariser l'horloge biologique. La variation de la température corporelle est également un facteur qui influence les cycles de sommeil.

Lorsque l'on se couche à la même heure chaque soir, la sensation de fatigue se manifeste physiquement par une sensation de froid et une baisse de l'activité ou de la vigilance mentale. On favorise l'endormissement si on couche l'enfant dès que ces signent apparaissent. L'enfant trop fatigué peut alors devenir agité, ce qui compromet son endormissement. Plusieurs heures plus tard, lorsque la température du corps augmente vers la fin de la nuit, l'enfant peut se réveiller et il est alors prêt à entreprendre sa journée.

En moyenne, l'horloge biologique naturelle est échelonnée sur 25 heures. En l'absence de stimuli extérieurs, le cycle se fait donc sur 25 heures au lieu de 24. Par conséquent, si on laisse les nourrissons boire et dormir selon leurs demandes, ils décalent d'une heure par jour leur horaire de sommeil. De plus, il peut facilement y avoir un décalage dans l'horloge interne des enfants qui présentent des atteintes neurologiques ou dans les cas de cécité.

Phases de sommeil

Chaque cycle de sommeil comprend quatre phases de sommeil non-REM et une phase REM (*Rapid Eyes Movements*). Ces phases se suivent, comme les wagons d'un train, et se répètent pour totaliser de quatre à six cycles au cours d'une même nuit (se référer à l'illustration de la page 24).

Les **phases 1 et 2** démontrent un sommeil léger. Dans ces phases, l'enfant bouge et il se réveille s'il est inconfortable. Ces phases sont plus présentes en fin de nuit, ce qui explique les réveils plus fréquents vécus aux petites heures du matin.

Les **phases 3 et 4** sont des phases de sommeil profond et récupérateur. On remarque alors une diminution de la respiration, mais elle est régulière. Dans cette phase, il y a une sécrétion de l'hormone de croissance et on constate la synthèse de protéines cérébrales. La réaction aux stimuli extérieurs est faible ; on ne se réveille pas facilement et, si cela arrive, on est très confus. Le dormeur reste presque immobile. Même les yeux ne bougent pas. La respiration et les battements du cœur sont lents et réguliers, mais le tonus du corps est maintenu ; les poings peuvent rester fermés. Cette phase est plus présente au début de la nuit, surtout lorsque l'enfant est très fatigué.

La dernière phase est celle du REM ou du sommeil paradoxal. Elle représente 50 à 80 % du sommeil chez le nourrisson et diminue à environ 25 % vers l'âge de 3 ans. C'est la phase des rêves et des cauchemars. À l'inverse des phases non-REM, le REM est plus présent à la fin de la nuit. Cela explique pourquoi les parents pensent que leur nourrisson dort mal car, pendant ce stade, on remarque les manifestations suivantes :

- mouvements rapides des yeux et des mimiques faciales (succion) ;
- absence de mouvement dans le reste du corps (sauf la respiration et le mouvement des yeux) ;
- la respiration et les battements cardiaques sont irréguliers ;
- on remarque souvent des sursauts (spasmes musculaires).

Au cours de cette phase, l'activité cérébrale est très intense. Il y a développement ou consolidation de la mémoire (apprentissage) ainsi qu'une maturation du système nerveux. Cette phase joue aussi un rôle dans le renforcement du système immunitaire (contrôle des infections). Lorsque l'enfant se réveille pendant ce stade, il est plutôt alerte et orienté, contrairement à ce qui se passe durant les stades de sommeil profond.

Chez le nourrisson (jusqu'à environ 1 mois), il y a peu de différenciation dans les phases de sommeil : il y a le sommeil actif (au lieu du REM), le non-REM (sommeil tranquille) et le sommeil indéterminé (qui n'est ni du REM ni du non-REM). Dans le sommeil actif (environ 50 % du temps), on remarque un grande activité motrice et de nombreuses périodes de mouvements rapides des yeux, ainsi qu'une respiration irrégulière avec périodes d'apnée (pauses respiratoires de quelques secondes). Au cours de cette phase, le nourrisson entame son sommeil, contrairement aux adultes et aux bébés plus vieux ; ce sommeil est caractérisé par des sourires, des grimaces, des mouvements de succion et de tout le corps (sursauts).

Durant toute la nuit, du début à la fin, ces stades alternent et varient en longueur. Après avoir traversé les cinq stades, il y a une phase de latence. Au cours de cette période, le bébé ou l'enfant peut se réveiller, parfois se rendormir seul, mais souvent pleurer et appeler les parents. On comprend pourquoi certains enfants se réveillent souvent. Ainsi, des bébés se réveillent à chaque heure, dès qu'un cycle est terminé. Et si l'enfant ne sait pas s'endormir seul, les problèmes surviennent.

Déjà, à 1 mois, un bébé a la maturation neurologique nécessaire pour dormir 6 heures d'affilée ; à 3 mois, il peut dormir jusqu'à 9 heures d'affilée, et à 6 mois, jusqu'à 12 heures. De plus, le besoin de périodes de sieste varie selon les individus et selon l'âge du bébé. Le nouveau-né a besoin d'environ trois à quatre siestes par jour, vers 6 mois il lui en faut deux (on élimine habituellement celle de la fin de la journée) et entre 1 et 2 ans, l'enfant ne fait qu'une sieste par jour, le plus souvent en après-midi. Vers 3 à 5 ans, certains enfants ont moins besoin de faire la sieste.

On considère qu'entre 4 et 6 mois, un bébé reçoit de jour un apport calorique suffisant pour sa croissance et que cela lui permet de ne plus boire la nuit. Évidemment, certaines situations de santé, qui empêcheraient un apport calorique de jour suffisant, peuvent entraîner un retard dans la régulation de l'horloge biologique. Chez le prématuré qui ne présente pas de problème de prise de poids, les études ont démontré que la régulation des cycles de sommeil se fait dans le mois qui suit le congé de l'hôpital. On remarque que le sommeil du prématuré est composé à environ 80 % de REM. La maturation cérébrale naturelle se fait tranquillement, amenant une régulation normale du sommeil. Comme nous l'avons déjà souligné, la consolidation de l'horloge interne se fait avec les stimuli extérieurs (lumière naturelle du jour et de la nuit), les horaires des boires et des siestes, ainsi que les activités sociales. Ces « donneurs de temps » (appelés *Zeitgebers*) sont liés aux activités sociales que l'on fait vivre au bébé. Il y a aussi l'alternance du jour et de la nuit, les horaires réguliers des repas, les heures fixes de coucher et de lever, ainsi que les activités que l'on pratique avec l'enfant.

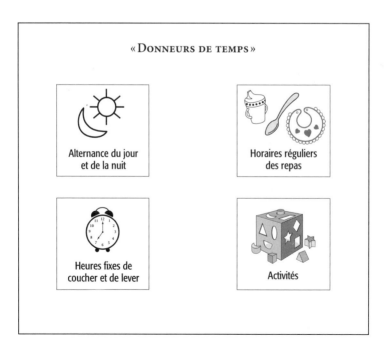

« DONNEURS DE TEMPS »

Alternance du jour et de la nuit

Horaires réguliers des repas

Heures fixes de coucher et de lever

Activités

Voici une illustration d'un cycle de sommeil, ayant une durée de 50 à 120 minutes selon l'âge de l'enfant. Ces phases se suivent, comme les wagons d'un train, et se répètent pour totaliser de quatre à six cycles au cours de la nuit. C'est dans la phase de latence que l'enfant peut se réveiller et se rendormir seul, reprenant alors un autre train (et amorçant un autre cycle de sommeil) pour continuer sa nuit. C'est aussi à ce moment que l'enfant va appeler ses parents s'il ne réussit pas à se rendormir.

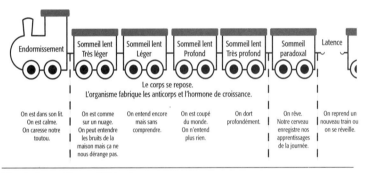

D'après Samara/Sommeil Primutan.

Prévention

Pour favoriser de bonnes habitudes de sommeil, il faut être vigilant dès la naissance.

Tout d'abord, on s'assurera que l'environnement est adéquat afin de permettre à l'enfant de passer de bonnes nuits. La chambre doit être sombre et silencieuse ; il faut parfois mettre une toile opaque aux fenêtres pour que la levée du jour n'incommode pas l'enfant. On suggère aussi de fermer la porte, afin que les bruits environnants ne nuisent pas à son sommeil. La température de la pièce ne doit pas excéder 20 degrés Celsius, sinon l'air peut devenir trop sec et nuire à la respiration du bébé (nez sec, sécrétions augmentées). Cela peut provoquer des réveils durant la nuit.

On doit habituer le bébé à s'endormir seul. Dès qu'il est fatigué, on le dépose éveillé dans son lit. De plus, les siestes ne doivent pas coïncider avec les boires ; on évite ainsi un problème d'association (soit de boire pour s'endormir). Au début, le bébé pleurera ; on peut alors rester à ses côtés, le flatter, lui laisser une petite couverture qui a l'odeur de sa mère, on peut lui offrir une suce… mais attention, celle-ci aussi peut devenir source de problèmes.

Autant que possible, le bébé devrait s'endormir dans les mêmes conditions chaque fois qu'il se couche et, s'il s'éveille, être capable de se rendormir seul la nuit. Il n'est pas anormal qu'un bébé se réveille la nuit ; cette situation devient problématique lorsqu'il a toujours besoin d'aide pour se rendormir. Il faut donc limiter les interventions lors des réveils de nuit (éviter le changement de couche) et voir à ce qu'elles soient brèves et silencieuses. On évitera de se précipiter dès que le bébé pleure. On ne sait jamais, il peut se rendormir seul si on lui en laisse la chance.

Pour favoriser un bon endormissement, on couche toujours le bébé dans son lit, même pour les siestes. Sinon, s'il dort avec vous ou dans la poussette ou dans la balançoire, il est possible qu'il le demande aussi la nuit. L'exception ne devrait pas devenir la règle…

Même tout petit, le bébé devrait être amené à un horaire stable de coucher ; pour cela, on tient compte des signes de fatigue : bâillement, frottement des yeux, pleurs… Il ne faut pas attendre trop longtemps pour coucher le bébé après ces manifestations, car celui-ci, devenant trop fatigué, s'agitera au lieu de s'endormir.

À tout âge, on suggère d'éviter les stimulants avant le coucher, comme les aliments sucrés (du lait au chocolat, par exemple), l'activité intense ou les jeux physiques qui risquent d'agiter le bébé (même les chatouillis…). De même, chez les enfants plus

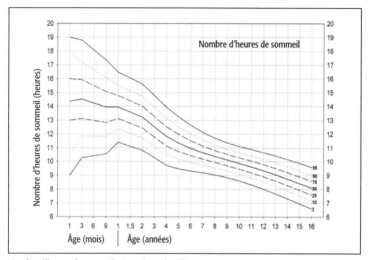

Nombre d'heures de sommeil nécessaires selon l'âge

vieux, il faut être conscient que s'ils participent à des activités physiques le soir, ils peuvent avoir des difficultés à s'endormir.

Déjà vers l'âge de 6 mois, le bébé devrait avoir un horaire régulier. On peut décrire un horaire-type comme suit: un premier repas vers 7 ou 8 heures le matin, une sieste environ deux heures plus tard, le repas du midi vers 11 h 30 ou midi, une sieste vers 13 h 30 ou 14 heures, le repas du soir vers 16 heures ou 17 heures, et un boire avant le coucher qui devrait avoir lieu vers 19 heures ou 20 heures. Jusqu'à 6 mois, certains bébés ont souvent besoin d'une sieste vers 17 heures ou 18 heures. Cela peut évidemment repousser l'heure de l'endormissement pour la nuit. Même si ce n'est qu'une petite sieste de 15 à 20 minutes, plus le bébé grandit plus il reprendra de l'énergie et ne réussira à s'endormir que tard, vers 22 heures par exemple. Aussi, en grandissant, certains bébés ont de la difficulté à s'endormir vers

20 heures si la sieste d'après-midi dépasse 16 heures. Les trop longues siestes (de plus de trois heures) peuvent aussi nuire à l'endormissement du soir.

Chaque individu a ses propres besoins de sommeil. Le tableau ci-contre montre les variables qui permettent de savoir si le nombre d'heure de sommeil est adéquat pour l'âge. Cependant, il ne faut pas oublier qu'il y a des variables personnelles aux besoins en sommeil.

Facteurs psychologiques

On peut s'attendre à voir apparaître des problèmes de sommeil à certains stades de développement.

L'anxiété de séparation, un stade normal se développant vers l'âge de 9 ou 10 mois, peut amener le bébé à ne pas vouloir que sa mère le quitte au coucher. Il faut être sensible à cette situation ; en rassurant l'enfant lors du rituel de coucher, il devrait pouvoir faire face à cette inquiétude. Par contre, si le parent plaint son enfant, il augmente sa dépendance, provoquant à coup sûr l'apparition d'un problème.

Une phase d'opposition se manifeste fréquemment chez l'enfant, vers 18 ou 24 mois. De plus, c'est souvent à cet âge que se fait la transition dans le grand lit. Il arrive fréquemment·que l'enfant commence à se lever pendant la nuit ou qu'il refuse d'aller se coucher le soir ou au moment de la sieste. Encore une fois, le parent doit être ferme et constant dans ses consignes pour que l'enfant soit moins réfractaire au coucher.

Bien qu'elles puissent apparaîtrent dès 18 mois pour certains, c'est surtout entre 3 et 5 ans que les craintes et les peurs se manifestent. À ce stade, les enfants ont parfois de la difficulté à faire la différence entre le réel et l'imaginaire. Les cauchemars sont plus fréquents. Encore une fois, les réactions des parents devant le problème peuvent déterminer la situation de sommeil. (Voir la section portant sur les cauchemars, page 74.)

Facteurs aggravants et facteurs précipitants

Certaines situations de vie peuvent également précipiter ou aggraver les problèmes de sommeil.

Problèmes de santé

Lorsque les bébés ont des poussées dentaires ou qu'ils sont malades (rhumes, otites), il n'est pas rare que les réveils nocturnes apparaissent ou encore qu'ils soient plus fréquents s'ils étaient déjà présents.

Après une hospitalisation, on peut également s'attendre à des difficultés de sommeil, que ce soit une résistance à se coucher, des réveils au cours de la nuit ou des cauchemars.

Les bébés qui souffrent de reflux gastro-œsophagien risquent d'avoir des problèmes de sommeil puisque, vu leur inconfort, ce sont des bébés qu'on a beaucoup aidés à s'endormir (en marchant, en berçant l'enfant, en le promenant en automobile).

Certains médicaments que l'enfant doit prendre peuvent l'exciter s'ils sont donnés juste avant l'heure du coucher (par exemple le *Ventolin*® qui est un médicament pour traiter l'asthme). De plus, les effets secondaires de certains médicaments peuvent nuire à l'endormissement (par exemple le *Ritalin*® ou la cortisone). Dans ce cas, il est toujours possible de changer la dose ou les heures de la prise de médicaments pour diminuer ces effets qui nuisent à un bon sommeil (surtout lorsque les médicaments sont pris sur une longue période).

Problèmes affectifs et problèmes de comportement

Certaines situations de vie peuvent affecter l'enfant et créer des difficultés de sommeil parfois temporaires, mais réelles. Par exemple, l'enfant est souvent perturbé par la naissance d'un nouveau bébé, par le retour au travail des parents (plus souvent la maman, après un congé de maternité), par l'entrée à la garderie ou à l'école, etc. Un bon rituel lors du coucher et une attitude rassurante de la part des parents contribuent à faire en sorte que la situation revienne à la normale après deux ou trois semaines.

Problèmes de développement

Certaines conditions développementales sont liées à des problèmes de sommeil. On sait par exemple qu'environ 80 % des enfants atteints d'autisme ont des problèmes de sommeil (voir la section portant sur le trouble envahissant du développement, page 96). Il en est de même pour les enfants ayant des désordres neurologiques, comme l'épilepsie : ils sont souvent aux prises avec des difficultés associées au sommeil. Aussi, les enfants atteints de déficience intellectuelle ou avec un retard de développement sont plus souvent affectés par des problèmes de sommeil. Le manque de maturation cérébrale serait en partie responsable des irrégularités des cycles de sommeil et d'éveil.

Entrent aussi dans cette catégorie les enfants ayant des tempéraments difficiles (qui s'opposent à toute forme d'autorité) et ceux plus anxieux et sensibles aux moindres changements dans leur quotidien (voir *Le sommeil et les bébés prématurés*, à la page 100).

CHAPITRE 2

Le coucher

Importance des routines, des associations liées à l'endormissement et de l'hygiène de vie

Il arrive souvent que les parents ne sont pas conscients que la routine du coucher peut être la cause des problèmes observés lors des réveils nocturnes. On doit retenir que pour mieux se rendormir la nuit, l'enfant a besoin de voir le même environnement, de sentir les mêmes gestes et d'adopter les mêmes comportements et habitudes que lorsqu'il se couche le soir. Ainsi, les parents qui souhaitent que leur enfant ne les réclame pas la nuit doivent absolument comprendre que pour être en mesure de se rendormir seul s'il se réveille au cours de la nuit, l'enfant doit au préalable aussi *s'endormir seul*, le soir.

Routine du coucher

Pour favoriser le meilleur endormissement possible, la routine du soir devrait être *stable*, *prévisible* et *répétitive*. De cette manière, elle deviendra rassurante pour l'enfant tout en lui donnant les signes annonciateurs que l'heure du coucher approche. Les activités de la soirée devraient être calmes. Le bain devrait précéder le coucher, car il permet un état de détente favorisant un meilleur endormissement et, ainsi, une qualité de sommeil adéquate. De plus, il constitue une bonne transition entre l'activité du jour et le repos de la nuit. Certains enfants ont, à la sortie du bain, un petit regain d'énergie et courent partout dans la maison. Cet état est temporaire, dans la mesure où le parent accompagne rapidement l'enfant dans le rituel du coucher.

Pour rendre agréable la routine du coucher, le parent peut raconter une histoire à l'enfant ou regarder avec lui les images d'un livre ; ce moment d'intimité qui précède la séparation pour la nuit est important aussi bien pour l'enfant que pour le parent. Cela devrait se dérouler habituellement dans la chambre de l'enfant. Ainsi, ce dernier peut apprivoiser ce lieu qu'il a parfois en horreur (parce qu'il doit aller se coucher en se séparant de ses parents ou parce qu'il doit arrêter de jouer pour aller dormir, etc.) et cela lui évite de disperser son attention et de mieux accepter d'aller dormir. Le parent doit établir clairement la durée de ce rituel dès que l'enfant est en mesure de comprendre les consignes ; en général, une période de 15 à 30 minutes convient. Ensuite, après quelques câlins et bisous, bien sûr, l'enfant doit s'endormir.

Environnement

Le lieu dans lequel l'enfant dort doit être calme et sombre. La température sera plutôt fraîche (environ 20 degrés Celsius) et l'humidité, à environ 30-40 %. Ainsi, l'enfant respirera bien, ce qui favorisera le sommeil. Il est préférable de couvrir l'enfant avec une couverture chaude ou de lui faire revêtir un bon pyjama (surtout s'il ne reste pas couvert toute la nuit).

De plus, il est préférable que l'enfant dorme dans sa propre chambre, sans la présence de ses parents, ce qui limite ses désirs de les réclamer pendant la nuit. Lorsque cela est impossible, on peut créer une séparation avec des meubles, un paravent ou d'autres accessoires, afin que l'enfant ne voie pas ses parents, évitant ainsi de le tenter de les appeler la nuit. Cela s'applique aussi lorsqu'on est en voyage ou au chalet et que l'on doit dormir dans la même chambre.

Rythme biologique

En étant à l'écoute des signes extérieurs que l'enfant donne, on peut déterminer le moment propice pour le mettre au lit (il se frotte les yeux, il bâille, il est maussade). Certains parents attendent que l'enfant soit très fatigué pour le coucher, même s'il démontre des signes de fatigue depuis un moment. Ils croient ainsi que leur enfant s'endormira mieux et plus vite. Au contraire, un enfant trop fatigué devient plus agité et cela nuit à son endormissement. Il vaut mieux déterminer une heure de coucher qui s'appuie sur les indices de fatigue de l'enfant et de garder toujours la même, si on veut qu'il s'endorme facilement et qu'il ait un bon sommeil. De la même manière, il consolidera son horloge interne si on maintient toujours les mêmes heures de sieste.

Il est important de respecter les besoins de sommeil de l'enfant. Un enfant plus vieux a besoin de moins de sommeil qu'un bébé. Il faut aussi tenir compte de facteurs individuels : certains enfants sont de grands dormeurs, d'autres moins. On sera également sensible aux signes de fatigue, surtout si on apporte des changements dans la routine de la journée. Par exemple, si la sieste de l'après-midi a été plus longue qu'à l'habitude (ou si la sieste a été retardée), il se pourrait que l'enfant ne soit pas aussi fatigué à son heure habituelle de coucher. Il sera alors préférable de retarder un peu ce moment. Cela peut éviter bien des pleurs.

Siestes

Il faut une organisation particulière pour établir un horaire qui favorise un bon sommeil et qui respecte l'horloge biologique de l'enfant. En effet, il est important de bien planifier les heures de repas et les heures de sieste. Plusieurs éléments entrent alors en ligne de compte.

- L'enfant devrait faire deux à trois siestes par jour, selon son âge (voir *Un peu de théorie* à la page 9).

- Après environ 6 mois, comme l'enfant ne devrait alors faire que deux siestes, un intervalle d'environ quatre heures est recommandé entre le début de la sieste du matin et celle de l'après-midi.

- Il devrait y avoir un intervalle d'au moins quatre heures entre l'heure de la fin de la dernière sieste et le coucher du soir.
- La dernière sieste devrait se terminer vers 15 heures (lorsque l'enfant ne fait plus trois siestes par jour).
- La durée maximale d'une sieste devrait être d'environ trois heures.
- Après l'âge de 1 an, certains enfants n'ont plus vraiment besoin de faire deux siestes par jour ; parfois, on peut aussi abandonner la sieste de l'après-midi quand l'enfant a 2 ou 3 ans, surtout lorsque le moment du coucher devient problématique. Malheureusement, ce dernier conseil contredit parfois les exigences des garderies.

Conseils pratiques à propos des associations liées à l'endormissement

Il est normal qu'un enfant se réveille la nuit lorsqu'il termine un cycle et passe dans la phase de latence (voir *Le train du sommeil* à la page 24). La situation devient problématique lorsqu'il réclame un parent pour se rendormir. Pour que l'enfant puisse dormir toute la nuit sans faire appel à ses parents, il doit apprendre à faire des associations avec l'endormissement. L'association d'endormissement est défini comme étant la condition dans laquelle l'enfant passe de l'état d'éveil à l'état de sommeil. Ces conditions doivent être facilement reproductibles lors des réveils nocturnes ; il va sans dire que ces associations doivent être indépendantes de la présence du parent. Pour ce faire, on dépose l'enfant dans son lit pendant qu'il est encore éveillé et on quitte sa chambre avant qu'il s'endorme. On lui offre aussi un ou des objets de réconfort qui peuvent rester dans son lit toute la nuit. De plus, le parent créera dans la chambre de l'enfant un environnement sécurisant et stable.

On peut donc lui offrir :

- une petite couverture, un ourson (environ de la grosseur de la main) ou tout autre objet sécurisant pour l'enfant lui permettant de garder le lit et de bien dormir. Il existe sur le marché de petites couvertures avec petits toutous intégrés qui sont légers et faciles à manipuler pour les bébés. Certains sont même munis d'anneaux de dentition dans les coins de la couverture! Chez le nourrisson, une couverture ou un chandail avec l'odeur de la maman qui allaite permet une meilleure transition pour s'éloigner d'elle;

- d'allumer une petite lumière tamisée (veilleuse teintée en bleu ou en vert). On devrait éviter une lumière tamisée provenant d'un plafonnier puisqu'elle éclaire trop la chambre;

- de fermer ou de laisser la porte entrouverte et de le maintenir ainsi toute la nuit;

- d'avoir un verre d'eau à proximité (qu'il est capable de prendre seul).

Il est déconseillé de lui offrir:

- une suce, surtout si l'enfant ne peut la remettre lui-même dans sa bouche pendant la nuit. Cela dépend de l'âge, et on ne peut pas s'attendre à ce qu'il soit capable de le faire facilement avant l'âge de 1 an. S'il réussit, il est préférable de laisser plusieurs suces à sa disposition dans son lit ou encore d'en attacher une à son pyjama avec une pince plate, pour qu'il ne se blesse pas. Il en trouvera une pour se rendormir seul, la nuit. Il faut tout de même penser à retirer la suce au coucher vers l'âge de 2 ans pour prévenir les problèmes de dentition, de développement et d'autonomie;

- un biberon, car même si l'enfant le prend seul dans son lit pour s'endormir, il peut faire une association qui le poussera à en réclamer un, la nuit, pour être capable de se rendormir;

- de la musique ou la télévision jusqu'à ce qu'il s'endorme. Il pourrait en effet en avoir besoin pour se rendormir s'il se réveille au cours de la nuit. Cependant, rien n'empêche de mettre de la musique pendant le rituel du coucher (pendant l'histoire, par exemple).

Comment favoriser un bon rituel d'endormissement

Pour que l'enfant s'endorme bien, il est essentiel d'établir avec lui un bon rituel d'endormissement. Une routine calme pendant la soirée aide à préparer une bonne nuit. On recommande d'éviter:

- les activités physiques intenses au moins une heure avant le coucher. Parfois, chez certains enfants qui ont de la difficulté à s'arrêter, il faut même éviter les stimulations physiques intenses pendant toute la soirée. Un jeu de chatouillis avant le coucher peut aussi s'avérer désastreux pour l'endormissement;

- que l'enfant regarde la télévision, joue à l'ordinateur ou à des consoles de jeux vidéo au moins une heure avant le coucher. Chez certains enfants, il vaut mieux éviter cela toute la soirée;

- en tout temps, on évitera que l'enfant s'endorme avec un biberon ou en étant allaité, bercé par ses parents; en fait, on évitera toute association liée à l'endormissement qui nécessite une intervention parentale pour être reproductible la nuit.

Il est plutôt recommandé de faire des activités calmes (dessin, lecture), permettant ainsi aux parents de partager de bons moments avec l'enfant avant de se séparer pour la nuit.

Certains parents veulent donner une collation à leur enfant avant le coucher, afin de s'assurer qu'il n'aura pas faim pendant la nuit. On ne déconseille pas d'inculquer cette habitude à l'enfant, mais elle n'est pas essentielle. Il faut même être prudent dans le choix des aliments qu'on offre. À titre d'exemple, des jus sucrés ou du lait au chocolat ne sont pas de bons choix, car ils peuvent avoir un effet stimulant qui nuira à l'endormissement. Chez le bébé, il est indiqué de donner un boire le soir, mais il faut faire en sorte que l'enfant ne s'endorme pas en buvant. Il est donc préférable de lui donner à boire bien avant son heure de coucher.

Pour faciliter le tout, il est préférable de lui donner son bain après l'avoir nourri. Cela permet de déposer l'enfant dans son lit, tandis qu'il est bien éveillé, sans qu'il fasse de mauvaises associations. Aux enfants plus vieux (à partir de l'âge de 18 mois environ) qui désirent boire du lait avant de dormir – que ce soit par habitude ou par besoin de réconfort – on peut proposer un gobelet ou un verre avec une paille intégrée, pendant qu'il regarde un livre avec ses parents, par exemple. En position assise, l'enfant n'aura pas tendance à s'endormir.

L'importance du bain dans la routine du coucher

Il est très profitable d'intégrer le bain au rituel du coucher. La détente que procure l'eau aide le tout-petit à aller au lit et à mieux s'endormir ; c'est à ce moment que la température corporelle est à son meilleur pour s'endormir. De plus, le bain permet une coupure entre les différentes activités de la soirée et prédispose l'enfant à aller se coucher. On peut proposer le bain à l'enfant très actif comme étant une activité agréable, bien qu'elle ait un but thérapeutique.

Pour faciliter le coucher du soir, on suggère donc de faire des activités calmes avant le bain, que ce soit la collation, les devoirs, le bricolage… Après le bain et les soins d'hygiène, l'enfant devrait tout de suite aller dans sa chambre. C'est là et à ce moment que devrait se dérouler la lecture. Cela évite à l'enfant de trop s'agiter en commençant de nouvelles activités (même le fait de changer de pièce peut lui donner un regain d'énergie ou l'espoir de retarder son coucher).

La résistance au coucher

Lorsque les enfants ne sont plus dans le berceau ou dans le lit à barreaux, ils sont facilement tentés de se relever, surtout s'ils doivent apprendre à s'endormir sans la présence des parents. Le parent doit trouver des moyens d'encourager son enfant à demeurer dans son lit.

- Lui proposer de dormir avec un objet transitionnel, tel l'oreiller ou le pyjama d'un des parents, par exemple.
- Lui donner une photo des parents avec laquelle il peut dormir.
- Entrer dans son jeu imaginaire pour le convaincre qu'il doit s'occuper de son ourson tout au long de la nuit, sinon celui-ci sera triste d'être seul.
- Utiliser de la poudre enchantée ou une baguette magique, avec un rituel de magie destiné à protéger sa chambre des intrus, par exemple, s'il dit qu'il a peur.

Parfois, le parent doit utiliser des méthodes plus directes. Certains enfants n'acceptent pas que le parent quitte leur chambre sans le rappeler ou se lever. Le parent peut alors avertir l'enfant : « Si tu te lèves, je ferme la porte de ta chambre ». Souvent, cela suffit pour que l'enfant reste dans son lit. S'il se relève malgré tout, le parent doit fermer la porte quelques secondes ou quelques minutes. Il la rouvrira ensuite, en disant fermement à l'enfant de retourner dans son lit et en lui spécifiant que la porte restera ouverte s'il ne se lève pas. L'enfant comprendra rapidement que c'est une récompense à ses efforts de rester dans son lit. Le parent peut aussi retirer temporairement l'objet transitionnel. Après quelques échanges de ce genre, l'enfant restera dans son lit et cessera de se lever. Évidemment, la tension ressentie avant le coucher peut nuire à l'endormissement, mais cette situation sera transitoire.

Cependant, il est déconseillé d'entreprendre l'application de cette technique durant les réveils de nuit, car cela risque de provoquer des crises interminables. Il est conseillé d'utiliser cette technique en combinaison avec d'autres méthodes, celle du calendrier par exemple (voir page 60), pour encourager l'enfant dans ses efforts. Évidemment, tout dépend de son âge et de son niveau de compréhension.

Généralement, dès l'âge de 18-24 mois, on pourrait expliquer à l'enfant ce qu'on attend de lui et ensuite on lui dira quelles sont les conséquences d'un comportement indésirable. Lorsqu'on lui rappelle l'entente, l'enfant fait généralement l'effort de s'y conformer. Le renforcement positif s'avère également efficace (en utilisant, par exemple, des autocollants) pour améliorer progressivement la situation (voir *Techniques de renforcement* à la page 59).

La valse du coucher

Lorsque les enfants ne sont plus dans leur lit à barreaux, ils ont plus tendance à se lever, surtout s'ils doivent aussi apprendre à s'endormir sans la présence des parents. Il est important alors d'être ferme et de leur dire simplement ce qu'on attend d'eux. Si le parent prête son oreiller, par exemple, il doit expliquer clairement à l'enfant que s'il se relève, il perdra l'oreiller. Si, après un avertissement, l'enfant continue de se lever, il faut le lui confisquer. S'il y tient, il gardera le lit. Sinon, on peut l'avertir qu'on fermera la porte. **Il est important de donner suite à un avertissement**.

En général, dès l'âge de 18 mois les enfants n'aiment pas que l'on ferme la porte de leur chambre. Si l'enfant a vraiment peur, il obéira. Sinon, il faut maintenir la porte fermée pendant environ une minute. Ensuite, on l'ouvre en lui indiquant que s'il veut rester dans son lit, la porte restera ouverte. Habituellement, il n'est pas nécessaire de poursuivre bien longtemps cette stratégie, car l'enfant s'y plie rapidement. Il faut donc le récompenser pour ses efforts et lui rappeler régulièrement sa réussite (voir *Techniques de renforcement*, à la page 59).

La transition dans un grand lit

Lorsque le temps est venu de changer de lit (parce que l'enfant devient trop grand, parce qu'il sort lui-même du lit à barreaux, parce qu'un autre bébé doit occuper le berceau), la transition est parfois difficile. Voici quelques conseils pratiques.

- Installer le nouveau lit dans la chambre, sans enlever le berceau, et lui demander où il veut dormir.

- S'il préfère le berceau, faire le rituel du coucher dans le grand lit pendant quelques jours et le laisser dormir dans son berceau.

- Lui offrir de faire la sieste dans le grand lit. S'étendre avec lui quelques minutes pour lui parler et lui faire des câlins avant de dormir.

- Lui offrir un nouvel objet associé à ce nouveau lit, objet qu'il pourra garder avec lui toute la nuit (un oreiller spécial, une peluche…).

- Suivre le rythme de l'enfant sans trop allonger le processus (pas plus de deux ou trois semaines).

- Dès qu'il a dormi une ou deux nuits dans le nouveau lit, enlever le berceau et le ranger.

- S'assurer qu'il ne croit pas que c'est à cause du nouveau bébé qu'il perd son berceau. S'y prendre au moins un mois à l'avance pour le préparer à la venue du nouveau bébé ; ainsi, il aura le temps de s'habituer à dormir dans son grand lit avant de voir son berceau occupé par le nouvel arrivant.

- Il est important de suivre en tout temps les normes de sécurité, telle l'installation d'une barrière de sécurité par exemple.

Les difficiles changements d'heure

Comme chacun le sait, c'est au mois de mars qu'on avance l'heure. Ce changement provoque bien des perturbations dans les habitudes de sommeil des enfants. Il est fréquent que les lève-tôt se réveillent une heure plus tard et qu'ils aient de la difficulté à se coucher le soir. Par ailleurs, les enfants plus vieux ont de la difficulté à se lever le matin. Ce désordre dure environ une semaine. Ce peut être un moment favorable pour faire des changements chez les jeunes enfants et les bébés, puisque l'horloge biologique de ces derniers est déjà perturbée par l'heure avancée. On peut alors profiter de l'occasion pour changer les heures de sieste ; en couchant l'enfant cinq minutes plus tôt chaque jour, il est possible qu'il ne se réveille pas plus tôt. Il en va de même pour le soir : même en devançant l'heure du coucher de cinq minutes chaque soir, l'enfant se lèvera probablement à la même heure qu'auparavant.

Il en va ainsi pour le changement d'heure en octobre, mais dans le sens inverse. Les tout-petits sont alors plus faciles à coucher le soir, mais ils se lèvent plus tôt le matin. Il faut éviter les interventions stimulantes, lors des réveils, pour permettre à l'enfant de rallonger son sommeil du matin pendant toute la semaine qui suit.

CHAPITRE 3

Solutions proposées

Dans ce chapitre, nous verrons quelques techniques destinées à aider votre enfant à s'endormir seul et ainsi à ne plus demander votre intervention la nuit. Celles-ci seront proposées en fonction de l'âge de l'enfant, selon des particularités individuelles… et agrémentées d'exemples puisés dans le quotidien.

Sevrage de la présence parentale

Technique de l'attente progressive (ou méthode du 5-10-15)

On propose cette technique pour les très jeunes enfants afin de leur apprendre à s'endormir seul. Le tout-petit de 4 à 6 mois jusqu'à 18 mois environ a une compréhension limitée; on ne peut pas lui faire comprendre qu'il doit s'endormir seul. Et malheureusement, on ne peut éviter quelques pleurs pour y arriver. On suggère de créer des associations d'endormissement reproductibles la nuit et indépendantes du parent. Tout d'abord, on instaure un rituel stable annonçant que l'heure du coucher approche (voir la section portant sur l'importance des routines et l'hygiène de vie, page 31). On donne à l'enfant un objet (doudou, toutou) qui remplace la présence du parent lors de l'endormissement. Pour le bébé allaité, on offre une couverture ou un vêtement qui a l'odeur de la mère, cela aide à le rassurer pour s'endormir. C'est le parent qui connaît le mieux son enfant et c'est lui qui sait quoi lui offrir. Même si l'enfant semble ne s'intéresser à rien de particulier, il faut lui trouver un objet. À titre d'exemple: une mère disait que son enfant n'aimait rien en particulier pour dormir, mais celui-ci avait l'habitude de s'endormir en touchant les cheveux de sa maman, et à se flatter avec ces derniers. On lui a alors proposé de lui offrir une couverture pelucheuse ou un ourson à poil long pour qu'il puisse avoir ce même type de sensations en s'endormant. La maman pourra ainsi se faire substituer graduellement par le toutou pour l'endormissement.

Le premier soir, lorsque le bébé et les parents sont prêts, après tout le rituel, il est important de déposer le bébé bien éveillé dans son lit. Parfois, les parents ont tendance à les assoupir dans leur bras. Ils disent qu'il est réveillé, car il ouvre un œil lorsqu'on le dépose. Même le fait de l'aider à s'assoupir peut devenir une association pour son endormissement ; il peut vous appeler la nuit pour se retrouver dans ce même état. Lorsqu'il est couché dans son lit, on met l'objet choisi entre ses bras, tout près de lui, on caresse doucement l'enfant avec l'objet, gestes qu'il apprendra (au fil des jours) à faire seul pour se réconforter la nuit. On s'assure que l'environnement de la chambre est optimal (voir *Environnement*, à la page 32). Ensuite, on doit sortir de la chambre. Et souvent, les pleurs commencent. On conseille fortement de fermer la porte de la chambre. Un bébé qui pleure peut rapidement peiner le parent qui entreprend cette technique. Le bruit des pleurs étant atténué avec la porte fermée, il sera plus tolérable pour le parent de continuer le processus. De plus, cela permettra aux frères et sœurs (et aux autres occupants de la maison) de ne pas être incommodés par le bruit, celui-ci nuisant aussi à leur sommeil. Aussi, comme les bébés en pleurs orientent souvent leurs regard vers la porte en attendant le parent, le fait de la fermer lui indique également que les visites sont terminées, que le parent ne reviendra plus et découragera plus rapidement le bébé de rappeler.

On se rappelle que les craintes et les peurs du noir ne se manifestent pas encore chez le jeune bébé. Par ailleurs, il ne faut pas oublier que les parents se réveillant tôt pour aller travailler peuvent involontairement réveiller leur bébé lorsqu'ils font du bruit alors que la porte est demeurée ouverte.

Le laps de temps pendant lequel le parent attend avant de retourner réconforter son poupon doit tenir compte sa tolérance aux pleurs de celui-ci. La période de 5 minutes si souvent suggérée peut très bien être diminuée à 1 ou 3 minutes. Lorsque le parent retourne dans la chambre, il réconforte son bébé en renforçant son attachement pour le nouvel objet offert. Il doit parler à l'enfant d'un ton doux, mais ferme, pour ne pas encourager le bébé à l'attendre. Il doit lui offrir le nouvel objet de réconfort pour qu'il le caresse et finisse par s'y attacher, l'aidant ainsi à s'endormir seul. Ensuite, il doit sortir encore une fois et retourner le voir en augmentant le temps d'attente de 3 à 5 minutes. Si le parent choisit de faire des visites aux 5, 10 et 15 minutes, il doit continuer les visites à toutes les 15 minutes par la suite, jusqu'à ce que le bébé s'endorme. L'intervention du parent envers le bébé doit être brève, rassurante, mais ferme, afin de ne pas l'inciter à l'attendre et afin qu'il finisse par s'endormir seul. Si l'enfant s'endort avant la visite suivante, le parent ne doit pas retourner voir le bébé pour vérifier s'il dort réellement. S'il est sur le point de s'endormir, un simple bruit peut lui faire ouvrir les yeux et le faire recommencer à pleurer. On peut s'attendre à ce que la première soirée soit assez difficile, tant pour le parent que pour l'enfant, mais le fait de persévérer permet au bébé d'apprendre à se rendormir sans intervention des parents pendant la nuit. Certains parents décident de ne plus retourner voir leur bébé même avec la persistance des pleurs. En effet, plusieurs bébés pleurent de plus belle lorsque le parent entre dans la chambre, cela devenant encore plus insupportable pour celui-ci. Ce moyen peut être très approprié. Toutefois, il faut alors être persistant et maintenir cette façon de faire jusqu'au bout. Il faut éviter de modifier nos interventions si on veut que l'enfant réponde rapidement à ce qu'on attend de lui.

Les visites peuvent être faites par un ou l'autre des parents, en alternance. Mais certains remarquent, surtout dans les cas d'allaitement, que la visite avec le père semble décourager la persistance des pleurs. À ce moment, on favorisera la présence du père mais non exclusivement puisque le bébé doit s'habituer à l'un ou l'autre de ses parents.

Évidemment, le bébé se réveillera la *première nuit*, comme à son habitude, puisqu'il ne sait pas encore comment se rendormir seul, mais avec le temps et en adoptant toujours les mêmes interventions, ses réveils seront moins fréquents. On recommande d'attendre au moins 5 minutes avant d'aller voir le bébé (ou 1 à 3 minutes, selon ce que vous avez choisi le premier soir), afin de lui donner l'occasion de se rendormir seul. N'oubliez pas d'agir toujours de la même façon, à chaque visite.

Le *deuxième soir*, après le même rituel, la période d'attente pour une première visite doit être plus longue, soit environ 10 minutes (ou 5 à 7 minutes) et le temps augmentera ainsi chaque soir, par tranche de 5 minutes. Le temps d'attente entre les visites pour le deuxième soir sera donc de 10, 15 et 20 minutes, continuant aux 20 minutes par la suite jusqu'à ce que le bébé s'endorme. De plus, le parent devra attendre 10 minutes avant d'aller voir son bébé s'il se réveille pendant la nuit. Ensuite, il est très important d'augmenter l'attente de 5 minutes par soir pour s'assurer du succès rapide de la technique.

Le *troisième soir*, l'attente entre les visites sera de 15, 20 et 25 minutes, et ainsi de suite pendant environ une semaine. Le parent peut s'attendre dès la troisième nuit à voir des améliorations dans le processus. Le soir, le temps d'endormissement sera de plus en plus court (diminution des pleurs), les réveils seront moins fréquents de nuit en nuit et, même s'il y a des réveils, le bébé se rendormira seul en pleurant peu (de là l'importance de lui laisser du temps pour se rendormir).

Avec cette technique de l'attente progressive, il faut plus de temps avant d'obtenir des résultats positifs pour les siestes, mais on doit l'appliquer de la même façon. Le parent ne doit donc pas se décourager et persévérer dans le même rituel d'association. Par contre, on ne recommande pas de laisser pleurer le bébé plus d'une demi-heure, surtout s'il ne dort pas plus de 15 minutes par la suite. Il vaut mieux, alors, le lever et attendre à la prochaine sieste. On suggère un processus ne dépassant pas plus d'une heure. Plus tard, si le bébé est trop fatigué, le parent peut devancer (un peu) l'heure de la prochaine sieste. Une amélioration devrait survenir au bout de quelques jours, ou même jusqu'à une semaine ; les résultats surviennent moins rapidement que pour les nuits.

Vous serez surpris de voir les progrès de votre bébé dès les premières nuits. Pendant les premiers jours, voire les premières semaines, afin de ne pas donner au bébé des réponses contradictoires, il est bon de toujours procéder au même rituel du coucher (siestes incluses). La répétition est importante pour le succès de cette démarche : elle permet de renforcer les nouveaux comportements d'endormissement.

Lorsque la situation sera réglée, on peut s'attendre à ce que le bébé puisse aussi s'endormir seul même en l'absence des parents, soit avec les grands-parents ou une gardienne.

Il n'est pas rare, même sans raison apparente, de voir un retour des réveils pendant la nuit jusqu'à un mois après avoir terminé avec succès le processus. LE PARENT NE DOIT PAS SE DÉCOURAGER et rester ferme. Le bébé reprendra ses bonnes habitudes d'endormissement après quelques jours.

Situations particulières

Il arrive aussi que le bébé se réveille lorsqu'il ressent des malaises, lorsqu'il est malade ou encore lorsqu'il perce des dents. Il faut éviter alors de se précipiter aux premiers pleurs ; s'il ne se rendort pas comme à l'habitude (après 10 à 15 minutes environ), on va le voir, on soulage ses malaises et on essaie de le recoucher sans le prendre dans ses bras. Cependant, une fois n'est pas coutume et si son état vous inquiète il est alors possible de le prendre, de le bercer pour le calmer ; mais il faut éviter, si possible, de le rendormir dans vos bras ! Peut-être que de rester à côté de lui en le caressant avec son objet de réconfort peut suffire et évitera le retour du problème. Dès le soulagement des symptômes, il continuera à bien dormir.

Plusieurs parents estiment qu'il est impensable de ne pas prendre leur bébé lorsqu'il est malade ou souffrant ; ils désirent souvent le prendre avec eux dans leur lit pour se rassurer. Cette situation doit demeurer transitoire ; dès que le bébé va mieux, il faut reprendre le processus. Cette fois-ci devrait être plus rapide (surtout si l'épisode de retour des réveils a été de courte durée), étant donné que l'enfant y est déjà arrivé. Mais il faut souligner que plus souvent le bébé subit ce traitement sur une courte période, plus il peut devenir difficile et long d'obtenir les résultats attendus.

Sevrage des boires de nuit

En utilisant la technique de sevrage de la présence parentale, le parent doit aussi penser à enlever les boires de nuit du bébé. On doit savoir qu'entre 4 et 6 mois, les spécialistes considèrent que l'apport calorique diurne est suffisant pour combler les besoins énergétiques nécessaires à la croissance et au développement. Si on veut que le bébé apprenne à s'endormir seul, il ne doit boire à aucun réveil la nuit. On considère qu'un bébé qui boit environ 250 mL, lors d'un ou de plusieurs boires la nuit, peut se réveiller parce qu'il ressent la faim lorsque l'heure habituelle du boire arrive. Son réveil n'est donc pas uniquement dû à un problème d'association succion/ endormissement. Voici quelques moyens pour cesser les boires :

1. **Enlever le biberon d'un seul coup.** Cela donne une réponse plus rapide pour enlever l'association succion/endormissement. C'est plus facile à faire lorsque le bébé commence à sauter un réveil pour ne boire que de temps en temps.

Aussi, si le bébé saute un boire après s'être endormi seul (en pleurant), les premiers soirs, cela prouve qu'il n'en avait pas besoin à ce point.

2. **Diminution de 30 mL par biberon à chaque boire la nuit** et de 30 mL de plus la deuxième nuit et ainsi de suite jusqu'à ne plus avoir de lait à donner. À ce moment-là, le parent peut offrir de l'eau. Un bébé se réveille rarement pour de l'eau, donc les réveils devraient diminuer de nuit en nuit.

3. **Dilution du biberon avec de l'eau**, 30 mL chaque nuit.

Selon mon expérience, il est bien de combiner les solutions 2 et 3, c'est-à-dire commencer par diminuer de 30 mL par biberon jusqu'à concurrence de 120 mL et ensuite mettre moitié eau, moitié lait dans le biberon, tout en continuant à diminuer la quantité de liquide et en augmentant la dilution jusqu'à ce qu'il n'y ait plus que 30 mL d'eau dans le biberon. De plus, pour ne pas créer de confusion chez le bébé à qui on apprend à s'endormir seul, on évitera que ce dernier se rendorme sur le biberon, même la nuit (donc ne pas lui donner nécessairement la quantité totale du biberon qui était prévue).

De plus, lorsque le bébé réussit à sauter des boires, on recommande de le laisser pleurer un peu (voir la technique de sevrage de la présence parentale) et de ne pas lui offrir à boire dès la première visite, surtout si l'intensité des pleurs semble diminuer. Si ce n'est pas le cas, on peut lui offrir le biberon après deux ou trois visites, même s'il ne contient que de l'eau.

Si maman allaite

Il est évident que si le bébé est allaité, il est plus difficile de diminuer la quantité de lait qu'il boit. En outre, il est très difficile de diminuer le temps de succion. Le bébé n'acceptera pas facilement de se faire retirer le mamelon avant d'être bien repu, mais il est possible de le faire en diminuant de moitié le temps de succion à chaque nuit et, comme pour le biberon, on évite que celui-ci ne se rendorme au sein.

On suggère de ne pas endormir le bébé au sein, que ce soit lors du coucher ou lors du boire de nuit. S'il vous semble trop difficile de faire le sevrage du sein lors des boires de nuit, il pourrait être plus facile de diminuer les quantités (tel que discuté dans la section précédente) en donnant un biberon contenant du lait maternel ou une formule (pour la transition seulement) ou de n'offrir que de l'eau. Il est possible de laisser un biberon d'eau à la température ambiante dans la chambre du bébé, réduisant ainsi le temps d'intervention.

Le parent doit se fier à son jugement et à sa tolérance pour décider de la façon de procéder.

Michael, 5 mois, s'endort au sein vers 22 heures et se réveille toutes les trois heures pour boire. Vers 4 heures, sa mère l'amène dans son lit... La nuit se termine vers 7 h 30. La mère est très fatiguée. Dans la journée, Michael fait plusieurs petites siestes, s'endormant souvent au sein ou restant dans les bras de sa mère; il peut ainsi dormir une heure à la fois. Sinon, sa mère l'amène se promener en poussette.

Comme plusieurs bébés de son âge, Michael n'a jamais fait une nuit sans se réveiller, mais il a fait quelques nuits de 6 heures vers 2 1/2 mois - 3 mois, sautant alors un boire. Malheureusement, cela n'a pas duré! Il doit toujours s'endormir au sein dans les bras de sa mère, en poussette ou en auto. Par ailleurs, c'est un bébé en bonne santé.

Plusieurs parents reconnaîtront sans doute leur enfant en Michael! Tout d'abord, le parent peut être rassuré: un bébé de 5 mois n'a plus besoin de boire la nuit, surtout s'il mange des solides le jour. De plus, s'il a réussi à sauter un boire vers trois mois, c'est qu'il est capable de ne plus en prendre... l'erreur à ce moment est de recommencer à lui donner à boire lorsqu'il se réveille. En effet, pour faciliter la régulation de l'horloge biologique, on doit instaurer une routine avec des heures de sommeil fixes, tant pour les siestes que pour le coucher du soir. Quand le bébé mange, il est encore plus facile de planifier la journée en alternant les siestes, les repas solides et les boires aux quatre heures. Par ailleurs, la croyance populaire qu'un bébé dormira toute la nuit lorsqu'il commence à manger n'est généralement vraie qu'avec une routine bien instaurée et l'adoption de nouvelles associations d'endormissement.

Solutions proposées

Voici donc un horaire type que l'on suggère à la mère de Michael. Puisqu'il se réveille vers 7 h 30, il peut boire au lever, manger des céréales ensuite (on peut attendre une demi-heure, s'il n'a pas faim tout de suite) et faire sa sieste vers 9 h 30 (il faut le coucher éveillé dans son lit). Ensuite, on peut lui donner un repas et un boire dans quatre heures (vers 11 h 30 - midi) et lui faire faire sa sieste vers 13 h 30. On lui donne un autre boire vers 16 heures; on peut attendre un peu plus pour le repas solide et ne lui donner que vers 17 heures. À cet âge, certains bébés ont encore besoin d'une petite sieste en fin de journée, ce qui peut retarder l'heure de coucher du soir (l'amenant vers 21-22 heures). Sinon, on évite la sieste et on couche le bébé vers 19 heures ou 20 heures s'il est trop fatigué. Ce n'est pas parce que l'on couche un bébé plus tôt qu'il va se réveiller automatiquement plus tôt le matin. En fait, c'est souvent l'inverse. Plus un bébé fait une belle nuit sans se réveiller, plus il dort longtemps, car il sait comment se rendormir et prend le temps nécessaire pour un bon repos sans dépendre d'une aide extérieure.

On suggère à la mère de mettre en place un bon rituel de coucher le soir et d'utiliser la technique d'attente progressive (5-10-15). Voici un plan qui lui permettra de parvenir à de bons résultats. Il faut tout d'abord instaurer, si ce n'est déjà fait, une routine de coucher. Comme, à cet âge, les bébés

s'endorment souvent en buvant, il est préférable de le nourrir avant de lui faire prendre un bain. Comme cela, le parent
s'assure que l'enfant n'aura pas faim pendant la nuit. On doit
déposer le bébé éveillé dans son lit. Comme nous voulons qu'il
s'habitue à s'endormir seul, sans la présence du parent, il faut
lui offrir des objets rassurants, en l'occurrence un toutou ou
une couverture qui a l'odeur de sa maman.

Exemple d'horaire

Lever
7 h 30
lait, nourriture solide

9 h 30
sieste

11 h 30 — 12 h
lait, nourriture solide

13 h 30
sieste

15 h 30-16 h
boire

17 h
nourriture solide

17 h 30
sieste (courte et selon
les besoins jusqu'à 6 mois)

19 h 30 — 20 h
coucher précédé d'un boire

ou 21 h
coucher si a fait une sieste

Ensuite, on applique la méthode d'attente progressive
5-10-15. Certains parents ont beaucoup de difficulté à laisser
pleurer leur enfant; il est alors possible de mettre cette

méthode en œuvre plus doucement en augmentant lentement le temps d'attente, c'est-à-dire à 1-3-5 minutes. L'important est d'augmenter le temps entre chaque visite et un peu plus chaque jour. Pour le parent plus inquiet de laisser pleurer son bébé, celui-ci peut choisir de rester assis à côté de lui en le flattant et le calmant, pour ensuite se retirer graduellement. Il est recommandé de débuter cette technique le soir puisque le bébé est plus fatigué que lors des siestes le jour et qu'il pleurera donc moins longtemps.

Le cas de Michael

La mère de Michael est prête et désire régler la situation le plus rapidement possible. Après la routine modifiée (boire-bain-dodo), elle commencera la méthode du 5-10-15. Au préalable, elle le couchera 10-15 minutes plus tôt chaque soir pour l'amener graduellement à se coucher vers 20 heures. À chaque visite, elle lui parle doucement « tu dois dormir mon amour, c'est la nuit…» ; elle lui mettra le toutou dans les bras, lui collera la couverture sur la joue et sortira rapidement, car Michael fait une crise terrible en présence de sa mère. Les visites seront alternées avec celle du papa qui semble décourager plus rapidement les pleurs du petit.

Le *premier soir*, il faut une heure avant que Michael s'endorme enfin. Vers minuit et demi, la mère entend Michael qui chigne un peu. Elle attend 5 minutes et va le voir, car les pleurs sont de plus en plus forts. Elle le rassure et retourne se coucher. Les pleurs semblent diminuer et elle attend avant de retourner le voir. Michael se rendort. Ensuite, il se réveille à nouveau vers 3 h 30. Elle attend 5 minutes, va le réconforter brièvement, puis attend 10 minutes, mais les pleurs demeurent aussi forts ; elle décide alors de l'allaiter, mais ne le laisse pas s'endormir en tétant. Lorsqu'il a bu la moitié du temps habituel, c'est-à-dire quatre minutes, elle le recouche avec la couverture et le toutou et le laisse pleurer.

Cette fois, elle n'y retourne pas puisqu'il se rendort dans les 15 minutes. Elle évite de l'amener dans son lit, comme à l'habitude, et ne va le chercher que vers 6 h 30, lorsqu'il s'éveille. À ce moment, elle attend 5 minutes pour voir s'il se rendort ou s'il a bien terminé sa nuit et le lève, sans toutefois lui donner à boire tout de suite. Elle lui donnera à boire vers 7 h 30 et à manger ensuite. C'est vers 8 h 30 ou 9 heures qu'elle le remettra au lit, en utilisant la méthode d'attente progressive 5-10-15. Elle a aussi remarqué que c'est à ce moment-là que Michael devient plus irritable et qu'il se frotte le nez… Il faut éviter de trop attendre pour le coucher puisque le bébé, fatigué, peut devenir agité et ainsi avoir plus de difficulté à s'endormir.

Au bout d'une heure de pleurs, Michael ne dort toujours pas. Alors, suivant nos conseils, sa mère va le chercher et évite qu'il se rendorme dans ses bras. Elle lui fera prendre son repas du midi plus tôt et le couchera vers midi plutôt que 13 heures. Cette fois, il s'endort très rapidement, après 10 minutes de pleurs. Sa sieste dure une heure et demie. Elle lui donne à boire vers 16 heures et lui donne à manger vers 17 heures. Après son repas, Michael s'endort dans sa chaise pendant 25 minutes.

Le *deuxième soir*, elle commencera plus tôt sa routine du coucher, vers 21 h 30, en suivant la séquence 10-15-20 minutes, en alternance avec des visites pour le rassurer. Cette fois, Michael s'endort après la deuxième visite et ses parents ne doivent pas y retourner. Il se réveille vers minuit, chigne un peu, mais se rendort après 8 minutes de pleurs (sa mère n'y est pas allée, car elle attend maintenant 10 minutes avant de faire une première visite). Plus tard, c'est vers 4 heures que Michael se réveille. Cette fois, il pleure 10 minutes et ensuite 15 minutes, et il ne semble pas se rendormir. Sa mère va donc le faire boire, mais seulement 2 minutes (la moitié moins de temps que la veille) sans le laisser s'endormir et elle le dépose ensuite dans son lit, pendant qu'il est encore éveillé (avec son toutou et sa couverture). Il pleure encore 10 minutes et s'endort alors. Il se réveillera vers 7 heures.

Plus tard, après son repas, elle le déposera dans son lit pour la sieste, vers 9 heures, et il s'endormira après deux visites de sa mère (une après 10 minutes de pleurs et l'autre après 15 minutes). Lorsque les 15 minutes sont passées, Michael ne dort pas et chigne un peu. Suivant son instinct, sa mère décide de ne pas aller le voir puisque ses visites provoquent des pleurs plus forts. Après 10 minutes de plus, Michael s'endort pendant une heure. Elle le fera boire et manger suivant son horaire, soit vers midi, pour le recoucher vers 13 h 30, en suivant le même processus. Michael s'endort après deux visites et dort pendant 1 1/2 h.

Le processus continuera et le *troisième soir*, comme il semble fatigué vers 20 h 30, sa mère commencera alors la routine boire-bain-dodo et augmentera l'intervalle des visites aux 15-20-25 minutes. Michael s'endormira après 15 minutes et sa mère ne retournera pas le voir. La nuit se passe bien, sans réveil, jusqu'à 4 heures. À cette heure, il pleure pendant 15 minutes. Sa mère va le voir et Michael se rendort dans les 15 minutes suivant sa visite. Il se réveille vers 7 h 30, bien reposé !

Résultat

Le processus aura pris trois jours et trois nuits et les siestes prendront encore quelques jours à se consolider. En une semaine, Michael se couche vers 20 heures (rares pleurs) et se réveille vers 7 h 30. Il fait une sieste vers 9 heures et une autre vers 13 heures. Il continuera à dormir vers 17 h 30, pendant 15 à 30 minutes, et s'endormira vers 20 heures tous les soirs. Si, vers 5 1/2-6 mois, il semble recommencer à pleurer en se couchant ou s'il s'endort plus tard, elle évitera de le laisser dormir vers 17 heures et pourra le coucher vers 19 h 30 s'il devient trop fatigué.

Routine de la chaise

On propose cette technique pour les enfants de 18 mois à 2 ans. Cela permet à l'enfant d'apprendre graduellement à se séparer de ses parents au coucher et de développer des associations d'endormissement indépendantes de ce dernier.

Lorsque le parent doit rester près de l'enfant pour qu'il s'endorme, il vaut mieux lui offrir un objet de transition. Cette technique aide le parent à s'éloigner de son enfant progressivement chaque soir. Le premier soir, le parent devrait s'asseoir à côté de l'enfant au lieu de se coucher à ses côtés, que ce soit sur une chaise ou, si la situation l'exige, sur le lit. Ensuite, de soir en soir, le parent s'éloignera de l'enfant en reculant la chaise de quelques centimètres. Un parent peut, par exemple, reculer la position de la chaise de 20 cm chaque soir ou plus rapidement selon la tolérance de l'enfant. La chaise devra rester au même endroit pendant toute la nuit ainsi que pour les siestes. De la sorte, quand l'enfant réclamera ses parents la nuit (soit qu'il vienne les rejoindre dans leur lit, soit qu'il pleure en réclamant leur présence), le parent s'assoira sur la chaise au même endroit que la veille au coucher, jusqu'à ce que l'enfant se rendorme.

Évidemment, il faut aussi renforcer l'attachement envers son objet de transition en lui remettant dans les bras et en signifiant l'importance de celui-ci pour se réconforter et bien se rendormir. Lors de l'interaction avec l'enfant, on sera bref, ferme et non encourageant. Il ne faut pas faire les choses à sa place, mais lui montrer comment se rendormir seul. On lui dira, par exemple : « Serre fort ton toutou, vois comme il est doux ! Tu feras de beaux rêves avec lui dans les bras. » Ou encore, « Tu peux appuyer ta couverture contre ta joue pour te calmer et te rendormir. » Il est important de favoriser son autonomie : « Tu es capable. » Ensuite, on sort de la chambre. Si l'enfant se sent en sécurité avec son objet de réconfort et qu'il s'endort bien avec lui, il acceptera de laisser partir le parent avant de s'endormir. Parfois, on peut utiliser des techniques de renforcement (comme la méthode du calendrier quand l'enfant est en âge de comprendre) pour faciliter ce processus (voir *Techniques de renforcement*, à la page 60).

Gabrielle a 2 ans. Elle s'endort difficilement (il lui faut 1 1/2 h pour s'endormir). Son père doit se coucher auprès d'elle. Elle se réveille vers 2 heures et vient rejoindre ses parents dans leur lit. Parfois, elle prend plus d'une heure pour se rendormir, même dans le lit avec ses parents. La situation a empiré depuis que sa mère est alitée, en attente d'un deuxième enfant qui menace de naître trop tôt. Alors, c'est le père qui s'occupe de Gabrielle.

Elle se couche vers 19 h 30-20 heures. Ses parents ont déjà établi une routine calme à partir de 18 heures. Elle prend un bain, ensuite joue calmement, boit un verre de lait en écoutant la télé, joue avec sa poupée dans sa chambre. Vers 19 h 30, son père lui lit une histoire dans son lit pendant 10 ou 15 minutes. Ensuite, il s'étend à côté d'elle jusqu'à ce qu'elle s'endorme. Cela peut prendre plus d'une heure. Dès que son père essaie de se lever (après 15 minutes, croyant qu'elle dort), elle ouvre les yeux et ne veut pas qu'il parte. Vers 2 ou 3 heures, elle va rejoindre ses parents dans leur lit. Elle bouge beaucoup et prend une heure pour se rendormir (compte tenu de la grossesse de la maman, ils sont un peu à l'étroit dans le lit !). Notons qu'à la garderie, Gabrielle fait une sieste de 1 1/2 h et que le week-end, elle refuse d'en faire à la maison. Son père doit faire une promenade en voiture pour qu'elle dorme. Notons aussi que Gabrielle doit prendre du *Ventolin*® et du *Flovent*® lorsqu'elle a le rhume.

Solutions proposées

Dans ce genre de situations, la solution proposée est la technique de la chaise, afin que Gabrielle apprenne à s'endormir seule. Tout d'abord, on peut comprendre la situation anxiogène que vit Gabrielle puisque sa mère ne peut pas prendre soin d'elle comme avant. Afin d'instaurer un bon rituel de sommeil, mieux vaut éviter la télévision au moins une heure avant le coucher et faire en sorte que Gabrielle prenne son bain juste avant d'aller au lit. Une période de lecture avec sa maman avant de dormir peut être bénéfique. Une autre période avec son papa, dans sa chambre cette fois, peut aider Gabrielle à apprivoiser sa chambre. Elle pourrait emporter l'oreiller de maman pour dormir avec elle ou porter son haut de pyjama comme jaquette (cela permettant de la rassurer dans son angoisse). Il est important de lui expliquer le pouvoir de réconfort que possède cet objet : « C'est comme si tu dormais avec maman. » Il faut aussi éviter que Gabrielle boive son lait dans son lit, sauf pendant l'histoire.

Ensuite, on peut lui laisser un gobelet d'eau à côté de son lit pour qu'elle puisse le prendre elle-même, pendant la nuit, si elle le désire. On peut également lui proposer une récompense selon la méthode du calendrier de motivation (voir à la page 60). Le papa installera sa chaise près d'elle le premier soir et s'éloignera un peu plus chaque soir. De plus, la nuit, le père devra reconduire Gabrielle dans son lit en lui rappelant les bienfaits de l'oreiller « magique » de maman et en lui promettant qu'elle aura un collant si elle écoute bien. Le père pourra rester sur la chaise, qui doit demeurer au même endroit que le soir au coucher, jusqu'à ce que Gabrielle se rendorme. Il est possible de lui offrir un produit naturel, comme la valériane, (voir *Moyens complémentaires*, à la page 61) pour que la transition se fasse plus facilement. L'enfant qui s'endort très détendu le soir a moins tendance à se réveiller pendant la nuit en demandant ses parents et raccourcit la démarche puisque l'enfant s'endort malgré lui.

Résultat

Dans le cas de Gabrielle, le père a suivi ces conseils, mais n'a pas donné de valériane à sa fille. Au début, il a dû menacer de quitter la chambre et de fermer la porte, car Gabrielle ne voulait pas que son père s'éloigne et elle se relevait toujours. Au bout d'une semaine, Gabrielle s'endormait seule et son père restait près de la porte; elle ne se réveillait plus la nuit. La semaine suivante, après la lecture de l'histoire, le père disait qu'il reviendrait la voir «dans 5 minutes» et pouvait sortir de la chambre après un baiser. Gabrielle ne se relevait pas, s'endormait bien et ne se levait plus la nuit. La première semaine fut très difficile, mais le papa est resté ferme et constant, et Gabrielle a bien réussi son apprentissage.

Techniques de renforcement

Ticket modérateur

Le ticket modérateur consiste à renforcer l'apprentissage des nouveaux comportements d'endormissement et à rendre l'enfant fier de ses efforts. On utilise cette technique en complément des autres techniques expliquées précédemment. Elle ne peut être utilisée avant que l'enfant ait environ 3 ans, puisqu'elle exige une bonne compréhension de sa part.

En tout temps, il faut avoir des objectifs réalistes et récompenser l'effort plutôt que le résultat. En plus de son ourson ou toutou qu'il conserve dans son lit, il s'agit d'offrir plusieurs petits objets (billes, figurines) que l'enfant pourra conserver près de son lit (sur sa table de chevet par exemple) pour dormir. On devra lui expliquer, lors du coucher, qu'il ne pourra les garder que s'il ne se lève pas. S'il se lève, on lui retirera un des objets. Si, à la fin de la semaine, il en a conservé cinq (nombre déterminé avec lui au préalable), il aura droit à une récompense ou à un privilège.

Il faut être très attentif à ne pas récompenser l'enfant trop vite et trop grandement, car il en demandera toujours plus. En outre, on doit augmenter les exigences un peu chaque soir pour réussir. On ne peut évidemment pas lui demander de faire une nuit sans réveils dès le premier soir ni lui donner une récompense dès sa première nuit.

L'enfant sera très heureux de vous plaire, mais c'est à vous que revient la tâche d'établir vos exigences et vos attentes. Il est important de s'assurer qu'il les a bien comprises avant de s'endormir, car la nuit n'est pas propice aux discussions et les interventions effectuées doivent alors être brèves. On conseille de ne pas retirer l'objet transitionnel pendant la nuit ; il vaut mieux faire assumer les conséquences au réveil. Il s'avère parfois profitable de réitérer la consigne avant de le faire. On donne ainsi une chance à l'enfant ! Ainsi, on peut renvoyer l'enfant au lit s'il se lève, en lui rappelant qu'il risque de se faire enlever son ourson ou son toutou (son objet transitionnel) s'il n'y retourne pas seul, ou encore qu'il se fera retirer une bille ou une figurine au lever.

Méthode du calendrier

Fonctionnant en partie de la même façon que le ticket modérateur, la méthode du calendrier permet de faire du renforcement à partir de l'effort que l'enfant fait pour suivre une nouvelle consigne. On peut l'appliquer à partir de l'âge de 2 ans, selon la compréhension de l'enfant. On expliquera clairement à l'enfant la consigne ou le nouveau comportement au coucher en précisant quel en est le but. Il s'agit de lui offrir un autocollant en récompense, s'il réussit à mettre en application le comportement demandé. On appliquera l'autocollant sur un calendrier accessible à l'enfant (sur sa porte de chambre, par exemple) ou, s'il est plus jeune, sur sa main, dès le lever, le lendemain matin. Cela lui permettra de voir la progression de ses efforts ; il pourra ainsi recevoir une récompense après un nombre déterminé de nuits consécutives sans s'être levé.

Moyens complémentaires

Voici quelques moyens complémentaires pour faciliter les nouveaux apprentissages. Ces derniers s'adressent particulièrement aux enfants des parents qui ont de la difficulté à les laisser pleurer ou à ceux dont les enfants ont un tempérament difficile.

Naturopathie et homéopathie

Certains produits naturels offerts en vente libre sont souvent efficaces (la valériane, la cataire ou la camomille, par exemple). Cependant, à la différence des produits pharmaceutiques brevetés, on possède peu d'information dans la littérature médicale quant à leur efficacité et leurs effets secondaires à long terme. Par contre, les essais cliniques semblent démontrer leurs effets positifs chez de nombreux enfants. On trouve aussi des produits homéopathiques (par exemple *Quiétude*® de la compagnie Boiron) visant à traiter les problèmes passagers de sommeil. Ils sont facilement accessibles dans les pharmacies et, même si leur composition n'est souvent pas clairement décrite sur le contenant, on peut les utiliser pour une courte période. Malheureusement, la posologie indiquée pour certains produits suggère une courte période d'utilisation (environ 10 jours), ce qui s'avère souvent insuffisant pour résoudre certains problèmes. On peut donner certains produits au coucher seulement ou encore deux fois par jour (matin et soir) pour aider à calmer les enfants plus actifs et pour aider les petits dormeurs lors des siestes.

Valériane

La valériane est une plante qui a un effet connu sur le sommeil. Elle diminuerait l'anxiété et aurait un effet sédatif. De plus, elle diminuerait les spasmes musculaires. On peut la trouver en comprimés, en concentré liquide ou en tisane. Pour les jeunes enfants, on suggère d'utiliser la forme liquide. Le parent peut utiliser ce produit pour son enfant à partir de 1 an. Cependant, il doit être vigilant, car certaines marques contiennent de l'alcool en plus ou moins grande concentration. Elles peuvent aussi contenir d'autres produits qui facilitent l'endormissement (lavande, passiflore, camomille, cataire etc.). On suggère de donner la valériane une demi-heure avant le coucher, dans un peu d'eau (pas dans le biberon). Les doses recommandées selon l'âge sont indiquées sur le contenant et peuvent varier selon les fabriquants. On en retrouve surtout dans les magasins de produits naturels et parfois dans les pharmacies (la compagnie *Clef des champs* offre des produits de bonne qualité, sans danger si on respecte l'usage recommandé).

Il faut toutefois que l'emploi de la valériane soit temporaire afin d'éviter de créer une dépendance ou une baisse d'efficacité). La valériane peut aider à instaurer une nouvelle routine ou à calmer l'enfant lors de certaines situations (terreurs nocturnes, spasmes musculaires, anxiété de séparation), facilitant la mise en place des nouveaux comportements de sommeil.

Mélatonine

La mélatonine est une hormone naturellement sécrétée par la glande pinéale (située dans le cerveau) tout au long de la nuit. Elle est libérée avec la noirceur et son sommet d'action se situe vers minuit, diminuant ensuite naturellement au cours de la seconde partie de la nuit. Au Québec, on en retrouve de plus en plus en vente libre, dans quelques magasins de produits naturels et en pharmacie. Le plus fréquemment offert en comprimés, ce produit existe aussi sous d'autres formes (timbres cutanés, liquide…). Lorsque ce produit est pris en supplément, il semble agir pour faciliter l'endormissement, pour régulariser le rythme circadien et pour absorber les décalages horaires.

Certaines pathologies génétiques entraîneraient une diminution de la libération naturelle de la mélatonine dans le corps :

la prise de mélatonine pourrait donc faciliter le sommeil des enfants aux prises avec ces problématiques. De plus, il semble que la mélatonine soit particulièrement efficace pour contrer les périodes de réveils prolongés qui surviennent au cours de la nuit.

La mélatonine peut être indiquée pour les enfants atteints de troubles neurologiques et pour les enfants aveugles qui ont fréquemment de la difficulté à régulariser leur horloge biologique. Les enfants autistes aussi font souvent face à des problèmes de réveils prolongés ; dans certains cas, la prise de mélatonine peut augmenter la durée de leur sommeil (bien que les études ne soient pas tout à fait concluantes à ce sujet).

Il est important de savoir que l'utilisation seule de la mélatonine ne donne pas d'aussi bons résultats. Il faut absolument la combiner à un bon rituel du coucher et à tous les facteurs favorisant de bonnes habitudes de sommeil, comme il en a été précédemment question.

Relaxation

On recommande toute méthode ou stratégie pouvant mener à une bonne détente avant le coucher. Prendre un bain avec une huile essentielle, recevoir un massage, écouter de la musique douce, voilà autant de moyens de favoriser l'endormissement, bien qu'ils soient généralement peu efficaces s'ils ne sont pas soutenus par une stratégie d'ensemble, la méthode de sevrage parental, par exemple.

Médicaments

Il peut arriver, dans diverses circonstances ou pour certains désordres de sommeil, qu'un médecin doive prescrire à l'enfant un médicament pour dormir. Son utilisation devrait être limitée dans le temps, sauf dans certains cas de pathologies neurologiques pour lesquelles il n'est pas rare de constater un besoin à plus long terme. Les plus courants sont le *Bénadryl*®, le *Gravol*®, que l'on retrouve en vente libre, et l'*Atarax*® qui nécessite une prescription médicale. Ces médicaments sont utilisés pour l'effet sédatif qu'ils apportent. Par contre, ils ont l'effet inverse sur certains enfants et ces derniers peuvent alors devenir irritables et agités. Quant au *Mogadon*® et au *Valium*®, ce sont deux benzodiazépines indiquées pour certains problèmes d'endormissement ou dans les cas de somnambulisme et de terreurs nocturnes (voir *Terreurs nocturnes*, à la page 69). Ce traitement est prescrit par le pédiatre de l'enfant, s'il le juge nécessaire. D'autres médications plus spécifiques peuvent aussi être utilisées pour certaines pathologies neurologiques, ceci devant préalablement être discuté avec le médecin.

William, 5 ans, se couche vers 19 h 30. Il s'endort avec sa mère qui lui caresse le dos. Il se réveille vers 23 h 30 et va faire pipi. Il va voir ses parents et son père le raccompagne alors et s'étend avec lui pour qu'il se rendorme. Vers 2 ou 3 heures du matin, il se lève encore pour faire pipi et demande de se faire couvrir ; le père retourne s'étendre avec lui pour qu'il s'endorme. Il arrive que le père s'endorme lui aussi et dorme avec lui le reste de la nuit.

Tout a commencé avec le début des classes. Comme dans toutes les situations, la première étape consiste à revoir le rituel du coucher. Après le souper, William écoute la télévision, ensuite il prend un bain, lit une histoire dans le salon et sa mère le met au lit et s'étend pour lui caresser le dos. Il s'endort alors très rapidement. Il est évident que William a besoin d'une présence parentale et qu'il devra apprendre à s'endormir seul. La mère précise que William a une respiration bruyante la nuit. Par contre, il a été examiné par un spécialiste, il y a quelques mois, et l'examen ne démontrait pas de problèmes respiratoires ni d'hypertrophie des végétations adénoïdes. Il faut s'assurer d'une température ambiante adéquate (20 degrés Celsius ou moins) et bien humidifiée (entre 30 et 40 %). Il peut être nécessaire d'utiliser de l'eau saline nasale avant de le coucher pour améliorer la respiration. S'il doit prendre du *Ventolin*®, on évitera que ce soit avant de se coucher (on suggère de le prendre au moins 2-3 heures avant le coucher).

Solutions proposées

Dans le cas de William, un changement dans le rituel s'impose. Il faut éviter la télévision et la remplacer par une histoire lue avec un parent (on privilégiera les histoires décrivant des rituels de coucher). Il faut limiter la prise liquidienne dans la soirée (à cesser après le repas du soir) afin d'éviter qu'il se lève la nuit (une vessie pleine peut réveiller l'enfant). On peut lui offrir un objet pour se rassurer, comme l'oreiller de maman ou le pyjama de papa et, ainsi, utiliser la technique du ticket modérateur afin de l'aider à comprendre qu'il peut arriver à s'endormir seul. L'utilisation d'un produit naturel peut aussi aider à diminuer l'anxiété ressentie, surtout avec le retrait de la présence du parent.

La nuit, lors des réveils, son père raccompagnera William pour qu'il se rendorme seul et, au fil des jours, lui demandera de retourner seul dans son lit ; il le récompensera s'il réussit. Il faut toujours rappeler à l'enfant que nous sommes heureux de ses efforts et le récompenser en ce sens.

Résultat

Après un mois, William s'endort calmement, seul, se réveillant à l'occasion, mais se rendormant seul. Il n'aura plus besoin d'aller aux toilettes pendant la nuit. On pourra alors cesser, graduellement, de lui donner le produit naturel et il conservera ses nouvelles habitudes.

Succès ou échec ?

Pourquoi les efforts déployés par les parents pour régler les problèmes de sommeil de leur enfant ne fonctionnent-ils pas toujours ?

D'abord, divers malaises physiques surviennent régulièrement dans les premières années de vie de l'enfant, qu'il s'agisse des poussées dentaires, des rhumes ou encore des malaises digestifs dans les premiers mois de vie d'un bébé (reflux, coliques). Lorsque l'enfant se réveille parce qu'il est incommodé par l'un de ces malaises, le parent devrait le soigner sans favoriser une habitude de dépendance ou de mauvaises associations pour se rendormir. Sinon, les jeunes enfants redemandent la présence et les soins des parents de plus en plus fréquemment.

Il faut prendre en compte les besoins personnels des parents qui se sentent coupables de travailler ou qui ont des horaires contraignants (travail de nuit ou de soir) et ceux qui ne sont tout simplement pas capables de laisser pleurer leur bébé. Il peut arriver également que les parents n'aient pas la même vision du problème (le père veut laisser pleurer son enfant alors que la mère en est incapable). En outre, il faut penser aux couples séparés qui ont la garde partagée de l'enfant et qui n'ont pas les mêmes habitudes et les mêmes règles de vie.

Parfois, les parents doivent aussi composer avec des enfants au comportement difficile qui sont réfractaires à toute forme de discipline, ce qui interfère avec le succès des méthodes proposées.

Certaines contraintes environnementales peuvent également compliquer la tâche des parents : la fratrie que l'on ne veut pas réveiller avec les pleurs du bébé, les voisins que l'on ne veut pas déranger, l'espace restreint qui fait que le bébé doit dormir dans la chambre des parents, voilà autant de facteurs qui peuvent interférer avec les stratégies utilisées pour régler les problèmes de sommeil de l'enfant.

Pour favoriser le succès de leurs démarches, les parents doivent se fixer des objectifs réalistes, en tenant compte de leur réalité quotidienne (par exemple, débuter la mise en application des stratégies le vendredi ou pendant les vacances). Ils doivent également identifier les éléments de la démarche en tenant compte de leurs limites, de leurs croyances et de leurs motivations, sans oublier le tempérament et la personnalité de leur enfant. Les parents sont les mieux placés pour savoir ce qui encourage leur enfant à suivre de nouvelles règles. Il est beaucoup plus profitable d'amadouer l'enfant que de se mettre en colère.

Pour obtenir un meilleur succès, le parent devrait écrire les étapes de sa démarche en vue de régler les problèmes de sommeil et la suivre comme une recette, étape par étape, pour ne pas se décourager ou se laisser prendre par l'émotion lorsqu'il vivra des moments difficiles pendant le processus. À cet égard, le soutien entre conjoints est essentiel à la bonne réussite de la démarche. Il arrive qu'un parent veuille dormir avec l'enfant tandis que l'autre parent, étant en désaccord et voulant bien dormir, va dormir ailleurs… À la longue, cette situation peut entraîner des conflits dans le couple.

Il est tout à fait possible que le problème réapparaisse à un moment ou à un autre. En effet, il n'est pas rare de voir le bébé recommencer à pleurer la nuit, sans raison apparente, dans le mois suivant la résolution du problème; il est alors important de le laisser se rendormir seul, car il en est capable. Évidemment, s'il est malade ou s'il a une poussée dentaire, il est possible que l'enfant recommence a se réveiller. Il faut alors lui donner les soins nécessaires (antipyrétique, *Salinex*®) sans le rendormir en le berçant et sans l'amener avec soi dans le lit. On doit le laisser se rendormir seul, pour ne pas lui redonner de mauvaises habitudes d'endormissement. Le parent doit rester ferme et constant dans ses attitudes. Par contre, plusieurs parents sont trop inquiets lorsque leur enfant est malade et le fait de rester toute la nuit avec lui les sécurise. Lorsque la situation sera réglée, il faudra s'attendre à répéter certaines étapes du sevrage pour retrouver les bonnes habitudes de sommeil… Par ailleurs, il faut retenir que plus les méthodes de sevrage sont constantes, plus les résultats sont concluants.

CHAPITRE 4

Situations et problèmes particuliers

Situations particulières

Terreurs nocturnes

Il arrive parfois que les parents entendent soudainement leur enfant crier en pleine nuit : il est assis dans son lit, les yeux ouverts, se débattant avec on ne sait quoi, sans voir ce qui l'entoure… Il ne faut pas s'inquiéter, c'est une terreur nocturne. Ce n'est pas dangereux. On dit que 3 % des enfants peuvent en faire, avec une prédominance chez les garçons. Ce phénomène apparaît chez les enfants âgés de 18 mois à 6 ans (parfois même chez les enfants plus jeunes). Après 6 ans, on peut espérer une diminution des épisodes ou encore cela peut se transformer en somnambulisme ou en somniloquie (il en sera question plus loin).

Il faut savoir que lors de ces épisodes, l'enfant dort, mais ne rêve pas. En effet, la terreur nocturne se manifeste dans les phases 3 et 4 de sommeil profond. Donc, l'enfant dort, mais il peut bouger, parler, crier… Parfois, l'enfant est en sueur, son visage est très pâle, ses yeux sont dilatés et fixes, et son regard est vide. Ses cris sont terrifiants, il se débat et son discours n'a aucun sens. Il ne répond pas clairement si on lui adresse la parole. Il arrive même que les manifestations empirent lorsqu'on essaie d'intervenir. L'épisode peut être bref ou durer de 10 à 30 minutes. On note quelquefois une récidive de petits épisodes qui surviennent pendant environ une heure. Parfois, après un épisode, l'enfant peut se réveiller, souvent perdu et inquiet, surtout s'il voit le regard apeuré de ses parents. Les terreurs nocturnes apparaissent toujours au début de la nuit, c'est-à-dire de 60 à 90 minutes après que l'enfant se soit endormi (vers la fin de son premier cycle de sommeil).

On remarque que les enfants ayant des terreurs nocturnes ont souvent une histoire familiale de terreur, de somnambulisme, de somniloquie et d'énurésie (pipi au lit la nuit). Cela veut dire que l'un des parents (ou les deux) a peut-être déjà vécu de telles manifestations lorsqu'il était jeune (elles peuvent même parfois être encore présentes à l'âge adulte). On doit aussi savoir que les manifestations sont sporadiques et intermittentes et qu'elles augmentent lorsque l'enfant est très fatigué ou s'il vit des changements dans son quotidien (début de garderie, début d'année scolaire, grande journée de plein air). Étant plus fatigué, on note une augmentation de la durée des phases 3 et 4 de sommeil profond, augmentant ainsi les épisodes de terreurs.

On peut aussi observer que certains enfants qui commencent à retenir leur urine pendant la nuit sont victimes d'épisodes de terreurs nocturnes. De plus, certains épisodes peuvent se manifester lorsqu'on coupe la sieste du matin chez le tout-petit (qui aurait déjà une prédisposition aux terreurs nocturnes). Dans ce cas, il suffit parfois de reprendre simplement la sieste du matin pour régler le problème.

Peut-on diminuer ou faire cesser ces manifestations ? Bien sûr ! Tout d'abord, il est important de ne pas intervenir lors des épisodes de terreurs nocturnes, sauf, évidemment, si l'enfant risque de se blesser ou de tomber en bas de son lit. L'enfant n'ayant pas conscience de cet événement, il n'a pas besoin d'être rassuré. C'est le parent qui est le plus inquiet. Par contre, lorsque les épisodes se prolongent, il semble qu'une caresse faite par le parent peut diminuer les manifestations ou aider à faire cesser l'épisode. Il est très important de ne pas réveiller l'enfant, car à la longue, celui-ci manquera de sommeil profond et récupérateur, et cela pourrait augmenter le nombre d'épisodes.

Les parents peuvent parfois identifier les facteurs qui précipitent la venue des terreurs nocturnes. Par ailleurs, il y a peu à faire pour les prévenir. Il faut éviter de raconter ces épisodes aux jeunes enfants, car cela peut faire augmenter leur anxiété et le problème. Pendant les périodes plus intenses, il est possible d'aider à réduire le nombre d'épisodes en régularisant l'horaire de sommeil (il faut parfois réintroduire la sieste) et en établissant une routine de coucher rassurante, calmante… L'enfant doit éviter de regarder la télévision ou de jouer à l'ordinateur avant de se coucher, car cela peut augmenter la fréquence des épisodes.

Il est parfois nécessaire de donner un produit naturel calmant (de la valériane, par exemple) avant le coucher, surtout quand les terreurs nocturnes se produisent toutes les nuits. Il est nécessaire de prendre ces précautions jusqu'à ce que ces dernières soient réfrénées. Devant une fréquence élevée des épisodes, il semble que le fait de réveiller l'enfant de 15 à 30 minutes avant ceux-ci (qui se produisent souvent à heures fixes) lui permet de recommencer un nouveau cycle de sommeil sans qu'ils apparaissent. Par contre, il faut faire attention de ne pas faire en sorte que l'enfant demande à nouveau de l'aide pour se rendormir. On peut offrir une gorgée d'eau à l'enfant ou encore l'amener à la toilette, deux bonnes excuses de le réveiller en douceur. Si l'épisode ne se produit pas à heures fixes, comme c'est quelquefois le cas chez les jeunes enfants, il va de soi que ce traitement est difficile à mettre en application. Enfin, s'il n'y a pas d'amélioration malgré toutes les interventions, il vaut mieux consulter le pédiatre ; certaines situations nécessitent une médication pour être maîtrisée. Dans les cas où les épisodes de terreurs nocturnes perdurent jusqu'à l'adolescence, celles-ci cessent généralement spontanément.

Éveils confusionnels

L'éveil confusionnel est différent des terreurs nocturnes. En effet, contrairement à ces dernières, l'éveil confusionnel se produit pendant un changement de phase ou de cycle de sommeil, à n'importe quelle heure de la nuit ; l'enfant crie, pleure, ne reconnaît pas ses parents et ne se souvient pas de l'événement le lendemain matin. Les éveils confusionnels sont plus fréquents chez les enfants qui font des terreurs nocturnes. On intervient de la même façon que pour les terreurs nocturnes.

Somnambulisme et somniloquie

Comme pour les terreurs nocturnes, le somnambulisme (se promener lorsque l'on dort) et la somniloquie (parler pendant son sommeil) se présentent dans les phases 3 et 4 du sommeil profond. Ces phénomènes se manifestent au moins une fois chez environ 15 % des enfants, généralement entre l'âge de 4 et 12 ans. Amplifiés par le stress et la fatigue, les épisodes de somnambulisme et de somniloquie sont cependant beaucoup moins bouleversants que les terreurs nocturnes. Ils sont habituellement peu fréquents ; seulement 6 % des enfants vivent plus régulièrement ces épisodes, dont la fréquence peut parfois atteindre quatre épisodes ou plus par semaine.

Le somnambulisme se manifeste généralement une ou deux heures après l'endormissement. Si les enfants se lèvent et sortent de leur chambre, il faut s'assurer qu'ils ne se blessent pas. Il peut être utile de poser un grelot ou une petite cloche sur la porte vous indiquant que l'enfant sort de sa chambre. Cela vous permettra d'éviter les dangers qui peuvent survenir (par exemple si l'enfant emprunte l'escalier ou s'il cherche à sortir de la maison). Il faut parfois mettre des loquets aux portes extérieures pour éviter qu'il sorte. De plus, il peut être recommandé de réorganiser la chambre à coucher pour augmenter la sécurité et ralentir les déplacements. Par exemple, il est parfois indiqué d'éviter de mettre le lit près d'une fenêtre ou encore de bloquer physiquement l'accès à la porte de la chambre, limitant ainsi les déplacements. Il faut évidemment éviter de les faire dormir à l'étage supérieur d'un lit superposé! Dans le même ordre d'idées, il ne faut pas réveiller l'enfant, mais le raccompagner dans son lit pour qu'il continue à dormir en toute sécurité, car il est rare que survienne plus d'un épisode au cours d'une même nuit. Il faut aussi éviter de parler à l'enfant de ce qui s'est passé pour ne pas créer une anxiété, elle-même susceptible d'augmenter le problème.

Comme dans les cas de terreurs nocturnes, une bonne routine au coucher, de la détente, le fait d'éviter les stimulants lumineux (télé, ordinateur, console de jeux), permet généralement de diminuer les épisodes. Pendant les périodes plus intenses de somnambulisme, il peut être utile de prendre un produit naturel (la valériane, par exemple) pour prévenir ces manifestations.

La somniloquie (parler dans son sommeil) fait partie du même type de situations que le somnambulisme. En effet, les manifestations de la somniloquie se déroulent dans la phase de sommeil profond et la personne ne s'en souvient pas au petit matin. Comme ces épisodes sont moins dérangeants, il n'y a qu'à favoriser la détente et instaurer un bon rituel de coucher.

Marianne, 10 ans, se lève et se promène la nuit à l'occasion; dernièrement, elle est même sortie dans la cour où on l'a retrouvée endormie. En questionnant la famille, on apprend que Marianne criait quelquefois dans son sommeil lorsqu'elle était plus jeune. De plus, lors de l'épisode où elle est sortie de la maison, elle avait participé à des compétitions d'athlétisme pendant la journée. On note aussi que les épisodes se déroulent toujours vers 23 heures ou minuit. C'est heureusement peu fréquent: une fois à tous les deux ou trois mois. En rétrospective, la mère se rend compte que chaque fois qu'il y a un épisode de somnambulisme, Marianne a passé une journée particulièrement stressante : périodes d'examen, etc.

Dans les cas de somnambulisme, on peut surtout faire de la prévention. Ainsi, on incitera l'enfant à adopter une routine plus relaxante pendant les périodes de stress. Lors des manifestations, il ne faut pas réveiller Marianne, mais la raccompagner dans sa chambre. Il faut aussi augmenter les mesures de sécurité (cloche à la porte de sa chambre, système d'alarme, etc.). Lorsqu'elle est somnambule pendant plusieurs jours consécutifs, on peut aussi la réveiller environ 30 minutes avant l'heure habituelle où se produit l'épisode. Pour Marianne, il est suggéré de prendre de la valériane lors de journées particulièrement actives et stressantes, prévenant ainsi les épisodes.

Cauchemars

Les cauchemars sont un désordre du sommeil qui est relativement bénin s'il ne se produit pas trop souvent. On remarque une augmentation de la fréquence des cauchemars entre l'âge de 3 et 6 ans. Ceux-ci sont souvent liés à la peur du noir et ils provoquent chez l'enfant une anxiété l'amenant souvent à refuser d'aller se coucher. Ces épisodes surviennent généralement dans la phase REM du sommeil. Le REM étant plus fréquents dans la deuxième moitié de la nuit, les cauchemars se manifestent plus souvent après 2 ou 3 heures du matin. L'enfant se réveille apeuré et peut nous raconter son rêve. Il se sent rassuré par la présence de ses parents.

Il est difficile d'éviter de faire des cauchemars qui, souvent, se manifestent à la suite d'événements sans grande importance ayant ponctué la journée de l'enfant. Une bonne routine, rassurante et relaxante, aide cependant à diminuer leur apparition. Il faut éviter aussi toutes les stimulations inappropriées avant le coucher (télévision, consoles de jeux, etc.). Ce n'est pas seulement le contenu de l'émission (tout de même, il faut éviter les films d'horreur, même quand l'enfant a 10 ans !) ou du jeu qui dérange, mais aussi la sur stimulation visuelle que l'enfant reçoit. Il faut également bien choisir les histoires que l'on raconte aux enfants avant le coucher ; même certaines histoires bien connues (*Les trois petits cochons*, par exemple) contiennent des éléments de peur (le loup) qui peuvent ressortir lorsque l'enfant est seul dans sa chambre. S'il a peur, il est important de l'écouter, mais il faut être attentif à ne pas empirer la situation. Il faut l'aider à contrôler sa peur, à surmonter son manque de maîtrise de la situation. Par exemple, si votre enfant vous raconte son rêve lorsqu'il se réveille la nuit, vous pouvez changer la fin tragique en événement drôle pour le détendre et l'aider à se rendormir. Il faut également lui signifier que son rêve est fini et qu'il peut se rendormir. Il est important de lui faire sentir qu'il peut maîtriser la situation, par exemple en lui donnant une lampe de poche qu'il peut allumer lorsqu'il se réveille, faisant ainsi disparaître le « méchant ».

La préparation du coucher est également très importante. On peut offrir à l'enfant des objets rassurants : l'oreiller de ses parents, une veilleuse… On peut également faire appel à son imaginaire en récitant une formule magique avec une baguette ou une épée de chevalier. On peut aussi proposer une « poussière » que l'on répand sur son oreiller pour le protéger des méchants… ou un « capteur de rêves » qui le protégera durant la nuit.

Il est très important aussi de ne pas amplifier la peur en demandant à l'enfant de raconter ses cauchemars pendant la journée. S'il en parle, mieux vaut dédramatiser la situation en le faisant rire et associer l'événement à une situation drôle dès qu'il mentionne sa peur. Quand un enfant sent qu'il est possible de diminuer sa peur, il fait habituellement moins de cauchemars.

Sophie a 3 ans. Depuis quelque temps, elle se réveille en pleurs en appelant ses parents. Sa mère se précipite dans sa chambre, elle la prend dans ses bras et la console. Elle ne veut plus que sa mère la quitte, car elle a peur… Sa mère parle avec elle, lui demande de quoi elle a peur et s'étend à ses côtés jusqu'à ce que Sophie se rendorme. Cela se reproduit toutes les nuits, parfois même deux fois par nuit. Il arrive que Sophie ne veuille plus se rendormir; alors, sa mère l'amène dans son lit.

Nous faisons face, ici, à des cauchemars. On doit d'abord essayer de trouver ce qui provoque l'augmentation de leur fréquence (les cauchemars n'étant pas des manifestations rares à cet âge). La mère raconte qu'à la garderie, on parle beaucoup de sorcières puisque c'est le temps de l'Halloween. Sophie aime beaucoup les sorcières et sa mère lui raconte des histoires les mettant en scène avant de se coucher. Elle s'endort avec son toutou favori et, dernièrement, elle a demandé à sa mère de rester près d'elle pour qu'elle s'endorme. Elle ne veut plus que la porte de sa chambre soit fermée. Puisqu'elle fait souvent des cauchemars, sa mère essaie de la rassurer et lui parle des sorcières qui sont très gentilles. De plus, Sophie dit souvent qu'elle a peur de tout et de rien. Ses parents ne savent pas comment la rassurer et commencent à manquer de sommeil.

Solutions proposées

Comme nous l'avons vu précédemment, les cauchemars sont des événements «normaux», mais ils ne devraient pas entraver le déroulement de la journée, ni provoquer des problèmes chaque nuit. La routine du coucher doit être rassurante et calme, et on doit éviter de raconter des histoires effrayantes, même si l'enfant semble les apprécier. De plus, le parent évitera de se coucher avec Sophie pour plusieurs raisons; cela peut lui faire croire qu'elle a raison d'avoir peur et risque de la rendre dépendante du parent en lui enlevant son autonomie pour s'endormir. Nous ne disons pas qu'il ne faut pas croire à la peur et ne pas répondre au besoin de réconfort de l'enfant. Il faut plutôt aider l'enfant à trouver des moyens qui l'amèneront à se rassurer elle-même.

Dans le cas de Sophie, ses parents ont évité de lui raconter des histoires qui stimulaient sa peur ; ils ont aussi réussi à la faire rire de l'élément traumatisant. Ils ont inventé une histoire de sorcière très maladroite qui a attiré la sympathie de Sophie ; cette dernière s'est mise à l'aimer, mais a choisi de la laisser hors de sa chambre lorsqu'elle se couchait (c'est Sophie qui décide). Le sujet des sorcières a été un peu délaissé, sauf quand Sophie voulait en parler. Enfin, la pauvre sorcière maladroite est partie vivre dans un autre pays… De plus, au coucher, Sophie dort maintenant avec la jaquette de sa maman et elle a mis, près de son lit, un capteur de rêves qui fonctionne à merveille. Chaque matin, quand elle accepte de s'endormir sans ses parents, elle reçoit une pierre précieuse (un caillou).

À l'occasion, lorsqu'elle refait un cauchemar, elle serre très fort la jaquette et se sent rassurée. Elle a aussi une veilleuse et sa porte demeure ouverte. Parfois, elle a encore besoin d'un câlin de maman, mais elle se rendort rapidement. Le rituel du soir est très agréable, calme, sans télévision et Sophie a hâte à l'Halloween, sachant bien que les sorcières ne sont là que pour cette journée.

Syndrome d'apnée obstructive

Habituellement, le sommeil d'un enfant est silencieux. S'il a un rhume et que son nez est bouché, on peut s'attendre à ce qu'il respire par la bouche. Par contre, ce ne devrait pas toujours être le cas. Il est faux de croire que si papa ronfle, bébé peut ronfler aussi.

Un enfant ne devrait pas ronfler ni respirer par la bouche toute la nuit. On voit ces manifestations chez environ 2 % des enfants. Le bruit produit se manifeste à cause d'une obstruction partielle des voies respiratoires, perturbant la respiration normale et, souvent, le sommeil. En effet, cet état respiratoire peut créer des épisodes d'apnée (suspension de la respiration de quelques secondes pendant le sommeil) qui déclencheront des réveils au cours de la nuit. Ces pauses respiratoires peuvent durer plus de 10 secondes et se manifester de 5 à 10 fois par heure. Certains enfants se rendorment aisément seuls, d'autres appelleront leurs parents pour se rendormir. Dans la mesure où les manifestations se produisent plusieurs fois au cours d'une nuit, il arrive qu'on retrouve au petit matin un enfant cerné, très fatigué et qui le demeurera tout au long de la journée, ce qui affecte son attention, sa mémoire, son jugement et son humeur (irritabilité, impulsivité, perte d'énergie). Si la situation perdure, il peut même y avoir un retard staturo-pondéral (croissance) et une réapparition de l'énurésie (pipi au lit).

Ce syndrome est souvent associé aux cas d'obésité, de syndromes génétiques (trisomie 21, Prader-Willi) ou encore, dans un registre plus bénin, lorsqu'il y a hypertrophie des amygdales ou des végétations adénoïdes.

Chez ces enfants qui ronflent, il s'avère essentiel de procéder à un examen médical (ORL). Dans les cas bénins, un traitement nasal et un changement dans l'environnement (augmentation du taux d'humidité dans la chambre de l'enfant, diminution de température dans la pièce) peuvent aider à régler le problème. Par contre, dans les cas plus graves, il s'avérera nécessaire de procéder à un traitement chirurgical (adéno-amygdalectomie). On voit des cas de réveils fréquents se régler spontanément après la chirurgie. On note aussi une diminution de la fatigue au cours de la journée, ce qui améliore les résultats scolaires et le comportement. Dans de rares cas, des examens plus spécialisés (polysomnogramme) s'avéreront indiqués et souvent nécessiteront des traitements plus spécialisés.

Bruxisme

Le bruxisme (grincement des dents) est une manifestation relativement peu fréquente et est parfois familiale (dans 5 à 20 % des cas). Ce bruit résulte de contractions répétitives et involontaires des muscles de la mâchoire durant la nuit. Cette manifestation est souvent associée à des problèmes dentaires spécifiques et elle augmente lors des périodes de grand stress ou d'anxiété. Pendant la journée, on remarque une douleur à la mâchoire, aux dents, au visage, des maux de tête, etc. À la longue, cela peut provoquer des problèmes aux dents et aux gencives. Il n'y a pas de traitement contre le bruxisme, mis à part une bonne hygiène de sommeil au coucher et la diminution de l'anxiété. Dans les cas plus chroniques, il est possible de porter une prothèse pour protéger les dents qui pourra être proposée par un dentiste.

Rythmies nocturnes

Les rythmies nocturnes, aussi appelées *head banging*, sont caractérisées par un balancement ou un cognement de la tête ou même de tout le corps. Ces mouvements sont rythmés et suivent une cadence de 60 à 80 balancements ou cognements par minute. On remarque les rythmies nocturnes chez 3 à 15 % des enfants. Les manifestations apparaissent vers l'âge de 9 mois et se résorbent généralement de façon naturelle vers 3 ou 4 ans. C'est une manifestation normale chez deux tiers des enfants et on la trouve plus fréquemment chez les garçons. Les risques de blessure sont rares, puisque l'enfant fait ce mouvement pour s'endormir et se rassurer. On remarque souvent ces manifestations chez les enfants souffrant de reflux gastro-œsophagien.

Lors de reflux, les bébés sont souvent soulagés et calmés si on les met dans une balançoire ou dans une poussette, ou lorsqu'on les berce. Ce balancement devient alors un mécanisme d'endormissement rassurant et efficace qui, parfois, continue même quand le problème est résolu. Il peut arriver que toute la famille soit incommodée par le bruit qu'occasionne la vibration des mouvements sur les parois du lit ou sur le mur, car en plus de s'endormir le soir en se frappant ou en se balançant la tête, l'enfant utilise souvent ce comportement pour se rendormir la nuit.

On peut essayer de diminuer les rythmies nocturnes par un bon rituel rassurant au coucher. De plus, l'utilisation d'un métronome ou d'un cadran dans la chambre de l'enfant peut réussir à remplacer le cognement. On peut aussi utiliser un produit naturel (la valériane, par exemple) ou homéopathique au coucher, lors des périodes plus intenses liées à l'anxiété.

Il est rare que l'enfant se fasse mal lors du cognement de tête, mais un mouvement intense et régulier toujours au même endroit peut provoquer une ecchymose, par exemple. Malgré l'allure bénigne de ces comportements, on doit se questionner sur des malaises physiques pouvant se cacher derrière ces manifestations. Par exemple, lors de migraines ou d'otites, les rythmies nocturnes peuvent camoufler la douleur que ressent l'enfant. De plus, si le cognement continue après l'âge de 3 ou 4 ans ou encore s'il revient après plusieurs mois d'accalmie, le parent doit s'interroger sur d'éventuels stress familiaux, sur la possibilité que l'enfant recherche de l'attention ou sur un sentiment de solitude qu'il ressentirait… Dans ce cas, il est essentiel de consulter un médecin.

Aussi, on retrouve fréquemment ces manifestations chez les enfants atteints d'épilepsie (encéphalopathies), de même que chez certains autistes et déficients intellectuels.

Problèmes de rythmes circadiens

Phases de sommeil devancées

La plupart du temps, les bébés se lèvent tôt (trop tôt selon leurs parents!). Par ailleurs, certains parents voudraient que leur bébé s'endorme tard et se réveille tard, alors que d'autres se plaignent plutôt de ne plus avoir de soirées à eux, car leur bébé ne s'endort que vers 22 ou 23 heures. Plus l'enfant vieillit, plus il est difficile de changer ses heures d'endormissement et de réveil. Il est donc très important de mettre en place de bonnes habitudes de sommeil et un horaire régulier le plus tôt possible. Plus le bébé bénéficie rapidement d'un horaire bien établi, plus il le maintiendra.

Contrairement à la croyance populaire, pour changer l'heure du réveil, il ne faut pas coucher le bébé plus tard le soir. En effet, malgré un coucher retardé, la majorité des enfants se réveillent à la même heure que d'habitude ; de plus, il y aura un manque de sommeil et l'enfant aura tendance à être plus maussade.

Il est plutôt conseillé d'y aller très graduellement et de retarder l'heure du coucher de 10 à 15 minutes par soir, en espérant que l'enfant se réveillera plus tard au fil des jours… même si l'horloge biologique semble habituellement prendre le dessus et qu'un lève-tôt demeurera souvent un lève-tôt.

Pour le tout petit bébé (à partir de 4 à 6 mois), il est parfois sage de le coucher plus tôt pour espérer qu'il dorme plus tard, surtout lorsqu'il apprend à s'endormir seul. En somme, plus un bébé apprend à bien dormir, plus il veut dormir.

Phases de sommeil retardées

On remarque très fréquemment cette caractéristique chez les adolescents (de 10 à 30 % d'entre eux voient leurs phases de sommeil retardées). Il faut savoir que les besoins de sommeil de l'adolescent varient, mais sont généralement, comme pour l'adulte, de huit à neuf heures par nuit. Cependant, une tendance naturelle et sociale empêche les adolescents de conserver de bonnes habitudes de sommeil. En fait, des facteurs environnementaux (ordinateur, consommation d'alcool et de café, emploi, école et devoirs, vie sociale) entrent souvent en conflit avec de bonnes habitudes de sommeil. L'adolescent qui se couche tard la fin de semaine a tendance à se lever plus tard le matin, ce qui amène graduellement un retard dans ses phases de sommeil. De plus, cela peut entrer en conflit avec la routine de la semaine (supplice du lundi matin ou augmentation de la fatigue au cours de la journée) et provoquer des difficultés scolaires (manque d'assiduité, problèmes de rendement scolaire).

Par ailleurs, certains adolescents vivant des problèmes familiaux ou sociaux subissent très souvent de hauts niveaux d'anxiété, ce qui interfère avec l'endormissement et provoque parfois des insomnies au cours de la nuit. Il ne faut pas hésiter à demander une aide psychologique pour éviter l'aggravation du problème.

Il faut mettre des limites à l'adolescent de manière à ce qu'il développe une hygiène de vie lui permettant de mener à bien toutes ses activités. Dans le cas contraire, il aura beaucoup de difficulté à faire ce que les parents et l'école attendent de lui. Il faut lui demander d'éviter les excès de stimulants avant d'aller se coucher et lui proposer de se réserver une période de relaxation pour se préparer au sommeil. On peut, par exemple, lui suggérer de se coucher à une heure raisonnable, de limiter l'écoute de la télé et l'utilisation de l'ordinateur, de ne pas prendre de boissons caféinées ou alcoolisées au moins une heure avant de se coucher. On peut également lui proposer de prendre un bain ou une douche et de se garder une période calme (lecture, musique relaxante, respiration contrôlée, yoga) avant de se coucher.

Modifier l'horloge biologique demande du temps. Afin de devancer l'heure d'endormissement de l'enfant ou de l'adolescent (facilitant ainsi le réveil le matin), on devance l'heure du coucher de 10 à 15 minutes, chaque deux ou trois soirs, jusqu'à obtenir l'heure souhaitée. Cette méthode modifie graduellement l'horloge interne et facilite l'endormissement. Cela évite aussi d'augmenter son anxiété et sa peur de ne pas pouvoir s'endormir. Il est conseillé de rester dans le lit pendant au moins 20 minutes pour réussir à s'endormir. Par contre, si le sommeil n'est pas venu au bout de 20 minutes, mieux vaut lui proposer de lire, d'écouter de la musique ou de faire une séance de relaxation. Il est toutefois fortement déconseillé de le laisser se promener dans la maison. De plus, il faut l'empêcher de faire la sieste en rentrant de l'école, car cela compromet l'endormissement, le soir venu. Évidemment, on recommande de garder le plus possible le même horaire de sommeil la fin de semaine.

On peut faciliter l'endormissement en évitant à l'enfant de s'exposer à une forte lumière au cours de la soirée. Cela explique qu'il est plus difficile de coucher les enfants pendant l'été, puisque le soleil se couche plus tard. Il y a donc plus de stimulation lumineuse interférant avec l'horloge biologique.

Enfin, on remarque fréquemment des désordres du rythme circadien (organisation du sommeil) chez les enfants atteints de syndromes neurologiques (nous en discuterons ultérieurement). Pour ces enfants, il pourrait être intéressant de considérer l'apport de la photothérapie (traitement avec augmentation de l'exposition à la lumière, non traité ici car très difficile à utiliser chez les enfants).

Marie-Lou a 11 1/2 ans. Depuis six mois, elle se réveille la nuit et ne réussit pas à se rendormir. Elle va réveiller ses parents pour avoir du réconfort. Comme elle ne réussit pas à se rendormir rapidement, elle essaie parfois de lire. Ses parents sont fatigués et ne savent pas comment corriger la situation. Comme dans tous les problèmes de sommeil, le rituel du coucher est très important. Dans le cas de Marie-Lou, elle prend un bain assez tôt dans la soirée, fait de la lecture ou feuillette des revues et s'endort rapidement, vers 21 heures. On note cependant qu'elle parle beaucoup à ses parents de sa peur de se réveiller et de ne pouvoir se rendormir… De plus, elle écoute la télévision pendant la soirée. Ses réveils se produisent toutes les nuits, sauf lorsqu'elle est en vacances et qu'elle dort dans la même chambre que ses parents.

Selon le père, cette situation aurait été déclenchée à la suite d'un cauchemar qui l'avait précipitée dans la chambre de ses parents en hurlant, toute tremblante. Par la suite, elle aurait couché avec ses parents, ne pouvant se calmer facilement. Notons ici que Marie-Lou n'a pas encore ses règles même si, depuis quelques mois, son physique a passablement changé. Ce fait est à considérer, puisqu'il est fréquent de voir des périodes d'anxiété ressenties par les jeunes adolescents en période de transformation. De plus, la perte de contrôle à la suite de ce cauchemar (facteur précipitant) a augmenté son insécurité.

Solutions proposées

- éviter la télévision le soir ou, du moins, cesser au moins une heure avant le coucher ;

- favoriser un bain ou une douche juste avant de se coucher. Attention à certaines lectures qui peuvent enflammer l'imagination ;

- pratiquer une forme de détente, avec respirations profondes et contrôlées, écouter de la musique relaxante, ce qui peut facilement être reproduit la nuit, lors du réveil. De plus, éviter de se lever la nuit, car plus on fait d'activités, plus on risque de se réveiller réellement. On peut aussi favoriser la relaxation en pratiquant le yoga, par exemple ;

- même si Marie-Lou s'endort rapidement, ses difficultés à se rendormir peuvent venir des activités et des émotions ressenties au cours de la journée et ressassées encore et encore en se couchant ;

- on peut aussi suggérer de prendre des tisanes relaxantes ou des produits naturels qui aident à diminuer l'anxiété, jusqu'à ce que la situation s'améliore ;

- si le facteur déclenchant semble être un cauchemar et que celui-ci s'est produit il y a longtemps, on conseille d'éviter d'en reparler, sauf si cela vient d'elle et, si tel est le cas, de l'amener à changer la fin de l'histoire, afin qu'elle puisse en être l'héroïne, ce qui lui permettra de dominer la situation qui l'effraie. De plus, il faut éviter de toujours discuter de la peur de se réveiller pour ne pas renforcer l'anxiété avant de se coucher ;

- comme Marie-Lou semble réconfortée par la présence de ses parents, on peut lui offrir de dormir avec l'oreiller de l'un d'eux. On doit également favoriser un environnement physique sécurisant, c'est-à-dire installer une veilleuse, laisser la porte de sa chambre ouverte, etc. Par contre, les parents doivent être fermes et dire qu'ils ne veulent plus se faire réveiller, qu'elle peut très bien affronter la situation seule. On la motivera par un renforcement positif (des récompenses, par exemple). Les parents de Marie-Lou ont choisi, pour l'encourager, de lui donner de l'argent de poche.

Au bout d'un mois, la situation s'était déjà améliorée : aujourd'hui, l'adolescente se réveille encore parfois, mais elle réussit à se rendormir sans demander l'aide de ses parents. Il lui arrive aussi d'utiliser les respirations de détente pour se rendormir et cela semble très bien fonctionner.

Dans un cas comme celui-ci, si on ne voit pas d'amélioration dans les mois qui suivent, il est indiqué de consulter un spécialiste (psychologue, intervenant social, etc.) pour aider à la situation.

Il est parfois difficile de faire adhérer un adolescent à une routine ainsi que d'éviter la télévision et l'ordinateur le soir. Il existe un site Internet (voir la section *Ressources*, à la page 109) qui explique l'importance de ces points et donne plusieurs informations théoriques aux enfants jusqu'à 12-13 ans.

Le syndrome des *restless legs* (mouvements périodiques des jambes)

Ce syndrome se manifeste chez l'enfant par une sensation inconfortable donnant une envie intense de bouger les jambes. Ces sensations augmentent avec l'inactivité. Pendant la phase 1 (sommeil léger), on remarque des sursauts répétés des jambes pouvant se produire toutes les 5 à 90 secondes. Ces comportements sont surtout visibles chez les enfants très actifs ou atteints de TDAH (trouble du déficit de l'attention et d'hyperactivité). Il ne faut pas confondre les mouvements périodiques des jambes avec les sursauts de tout le corps que l'on remarque généralement lors de la phase d'endormissement.

Pour réduire ces manifestations, il faut amener l'enfant à acquérir de bonnes habitudes de sommeil et de détente. On peut l'aider en lui offrant des produits naturels ou homéopathiques. Par ailleurs, il arrive qu'on doive consulter un médecin, notamment lorsque cette situation réveille fréquemment l'enfant. Une médication pourra être indiquée dans certains cas.

Difficultés de sommeil liées à des problèmes de santé

Poussées dentaires

Il arrive fréquemment que les enfants se réveillent la nuit parce qu'ils percent des dents. Les poussées dentaires peuvent en effet être très douloureuses. Il est évident que le parent doit répondre aux pleurs de son enfant si ce dernier est affecté par une poussée dentaire. Plusieurs signes montrent la douleur que ressent l'enfant: pendant la journée, il a peut-être été maussade, il a beaucoup salivé, il a porté ses doigts ou des objets durs à sa bouche pour se soulager… Il est parfois nécessaire de donner des analgésiques aux enfants pour soulager leur douleur (acétaminophène, ibuprophène). Des produits naturels ou homéopathiques s'avèrent également efficaces pour certains enfants si on respecte la posologie indiquée.

Une poussée dentaire ne dure habituellement que quelques jours. Parfois, lorsque la dent perce, l'enfant fait de la fièvre. Il est donc essentiel de le soulager lorsqu'il se couche et lorsqu'il se réveille la nuit. Par ailleurs, est-il essentiel de le prendre dans son lit, de le rendormir en le berçant ou en lui donnant un biberon, alors qu'il n'en prenait plus ? Un enfant qui s'endort bien continuera à le faire même si la douleur le réveille. Il est important de le rassurer par votre présence, mais on évitera de le rendre dépendant, situation qui sera difficile à défaire après les épisodes. Retenons qu'après quelques jours, les comportements de sommeil devraient revenir à la normale. Si les réveils continuent, bien que les poussées dentaires soient terminées, on reprendra les techniques pour montrer à l'enfant à se rendormir seul. *Attention*, cependant, de ne pas soumettre trop fréquemment les enfants aux techniques d'endormissement autonomes, car ils y résisteront de plus en plus et il deviendra difficile d'obtenir de bons résultats. Il est préférable de maintenir les bonnes habitudes pour éviter une réapparition des problèmes.

Roxane a 6 mois. Depuis l'âge de 4 mois, elle dort toute la nuit et s'endort seule le soir. Or, depuis une semaine, elle se réveille avec les poings dans la bouche. Sa mère croit que sa première dent va percer bientôt. Elle bave beaucoup et est plus maussade, même le jour. Comme elle pleure souvent la nuit, sa mère la met au sein pour l'aider à se rendormir. Cette stratégie fonctionne bien et Roxane se rendort rapidement. Cependant, elle se réveille de plus en plus souvent et sa mère ne sait que faire pour régler le problème. Même si sa dent a percé, Roxane continue de se réveiller.

Au bout d'une semaine, Roxane boit trois fois par nuit et, vers 3 heures du matin, sa mère l'emmène dans son lit, car elle est épuisée. Il arrive très souvent qu'un bébé qui perce des dents se réveille et pleure, car il a souvent très mal, surtout au moment où la dent perce la gencive. Par contre, il faut éviter de redonner au bébé de mauvaises habitudes de sommeil. On continuera d'adopter une bonne routine au coucher, sans dépendance extérieure, et on donnera des anti-douleurs en sirop ou encore des produits naturels (en vente libre) en suivant les posologies indiquées (on favorisera les produits à longue action qui atténuent la douleur pendant la majeure partie de la nuit). Si le bébé se réveille, il peut être nécessaire de le prendre dans ses bras, de le rassurer et de lui offrir son objet de réconfort qui l'accompagnera dans son lit pour se rendormir. Cependant, il faut éviter qu'il dépende de vos gestes pour se rendormir. Cela vous évitera d'avoir recours à des techniques pour le sevrer de la présence parentale. Si ce n'est pas possible, il faudra y avoir recours lorsque l'enfant ira mieux.

Rhumes, otites, asthme

Lorsque les enfants sont malades, il arrive très fréquemment que l'on constate une réapparition des réveils au cours de la nuit. Les parents doivent soulager la toux, le nez bouché ou la température, même la nuit. Quand ces situations surviennent, il est important de prévoir un environnement qui favorise un meilleur sommeil (humidificateur, vaporisateur nasal, etc.). Selon l'âge de l'enfant, on lui donnera un décongestionnant, des analgésiques ou des antipyrétiques. Habituellement, un enfant qui a de bonnes habitudes de sommeil les maintient même lorsqu'il est malade. En d'autres termes, il faut soigner l'enfant s'il se réveille la nuit, bien entendu, mais il faut aussi le laisser se rendormir seul. Évidemment, si son état est critique (température élevée, problèmes respiratoires, etc.), on lui accordera toute l'attention nécessaire.

Si l'enfant semble avoir une otite ou si son état de santé est inquiétant, il vaut mieux consulter un médecin. Ce dernier pourra l'examiner et prescrire des antibiotiques s'il le juge nécessaire.

Si l'enfant est atteint d'asthme et qu'il utilise des pompes de *Ventolin*® ou de *Flovent*®, cela pourrait entraver son sommeil, ces produits ayant souvent un effet stimulant. Par contre, on pourra modifier l'horaire de la prise si l'enfant a plus de difficulté à s'endormir ou s'il a un sommeil plus difficile lorsqu'il prend ses médicaments. On pourrait conseiller de donner les pompes à l'heure du souper, par exemple, plutôt que juste avant le coucher, favorisant ainsi un meilleur endormissement. Mieux vaut éviter de donner les pompes pendant la nuit, sauf si son état n'est pas stable. Il est important de discuter de la procédure à suivre avec le médecin de l'enfant pour savoir comment agir dans toutes les situations. Si votre enfant recommence à se réveiller la nuit, il sera toujours temps de réutiliser les techniques pour reprendre de bonnes habitudes de sommeil.

Coliques, reflux, intolérance au lait

Plusieurs bébés ayant des problèmes de coliques, de reflux ou d'intolérance au lait (ces trois problèmes étant souvent liés) se retrouvent fréquemment dans les bras des parents et sont donc plus enclins à développer de mauvaises habitudes de sommeil. En effet, lorsque le bébé affecté par ces malaises se réveille au cours de la nuit, le parent le prend dans ses bras pour le soulager. Comme il arrive souvent qu'on découvre tardivement la cause réelle des inconforts de l'enfant (surtout dans le cas du reflux et de l'intolérance au lait), ce dernier développe une dépendance à la présence parentale. Il ne réussit pas facilement à s'endormir puisqu'il a des maux de ventre, des crampes ou des douleurs œsophagiennes.

Ces douleurs sont réelles et sont souvent soulagées par des vibrations et de la chaleur (que ce soit dans les bras des parents ou encore par une promenade en poussette, dans le siège d'auto ou dans la balançoire). Ces actions aident le nourrisson à s'endormir, car elles procurent un réel soulagement. Cependant, il faut prendre conscience du fait que l'enfant risque de développer des habitudes de dépendance, car les associations sont multiples et liées aux gestes des parents. Si l'enfant boit la nuit, le lait reste plus longtemps dans l'estomac car la digestion se fait au ralenti. Les malaises engendrés par le reflux sont donc susceptibles d'augmenter. Il est alors tout à fait indiqué de cesser les boires de nuit le plus tôt possible (on peut même devancer le boire du soir). Voir l'exemple de Lili, à la page 91.

C'est entre 2 et 4 mois que le bébé souffre le plus fréquemment de coliques. Il est important de chercher ce qui aggrave ses malaises qui sont malgré tout normaux et passagers (ils se produisent le plus souvent en fin de journée). Cela se produit souvent lorsque l'enfant avale de l'air lors des boires (quand on note que du lait s'écoule de sa bouche lorsqu'il boit) ou lorsqu'il a des boires très fréquents. Ces situations provoquent plus d'inconfort et accentuent les réveils la nuit. On peut profiter de ses périodes de malaises pour lui donner un bain ou lui mettre de la chaleur sur le ventre, l'aidant ainsi à soulager sa douleur. Cela permet aussi d'installer un rituel de sommeil.

Dans les périodes de douleurs aiguës, on peut coucher le bébé sur le ventre, sur une couverture chaude (par exemple, une couverture en polar, qui restera chaude plus longtemps) et rester près de lui en le câlinant et en le berçant, tout en évitant qu'il s'endorme dans les bras de ses parents. Lorsqu'il est endormi, on s'assure qu'il ne reste pas sur le ventre toute la nuit (DODO sur le dos). Parfois, on peut garder de la chaleur sur son ventre avec une bouillotte. Il existe sur le marché des produits naturels ou des médicaments qui soulagent les douleurs des bébés; même s'ils ne sont pas toujours très efficaces, il peut être bon de les essayer. En définitive, on devrait tout mettre en œuvre pour éviter les inconforts qui empêchent le bébé de dormir la nuit. C'est alors que de mauvaises habitudes se développeront et feront apparaître des problèmes de sommeil.

Lili a 6 mois. Son père la couche à 22 heures et elle se réveille trois fois par nuit pour boire. Sa mère l'amène alors dans son lit, car elle est épuisée. Pendant la journée, elle fait trois petites siestes d'une demi-heure. Elle s'endort dans les bras de sa mère. Depuis sa naissance, Lili a beaucoup pleuré : en effet, il a fallu quelques mois pour diagnostiquer un reflux qui a été traité par des médicaments, de même qu'une intolérance aux protéines bovines. Elle a commencé à prendre du *Nutramigen*® (lait sans protéine animale) ; sa mère a continué à l'allaiter en suivant, elle aussi, une diète sans lactose ni protéine. On lui administre encore des médicaments antireflux. Les pleurs ont beaucoup diminué.

Dernièrement, les parents ont instauré le rituel suivant : allaitement-bain-biberon de *Nutramigen*® donné par le père ; ensuite, celui-ci se promène en sautillant avec Lili dans les bras jusqu'à ce qu'elle s'endorme. Elle dort maintenant dans sa chambre (avant, elle dormait avec ses parents). Souvent, pour la calmer sans toujours lui donner à boire, la mère lui fait téter ses doigts… et cela fonctionne parfois. Comme dans d'autres situations, Lili doit apprendre à s'endormir seule et cesser de boire la nuit. De plus, son état de santé fait que plus elle boit la nuit, plus elle aggrave ses malaises.

Dans le cas de Lili, mieux vaut ne plus lui donner de lait avant de la coucher ainsi que durant la nuit. Il faut la faire boire au moins une heure avant de dormir et si, malgré cela, elle continue de se réveiller la nuit, on évaluera la possibilité de ne plus lui donner à boire le soir (le dernier boire sera donné avec le repas du soir). Les parents de Lili ont choisi de la faire boire une heure avant de la coucher, puis de lui donner un bain. Ils ont utilisé la méthode de sevrage 5-10-15 en encourageant Lili à mettre son poing dans sa bouche (au lieu des doigts de maman). Ils ont aussi instauré des heures de siestes plus régulières (à toutes les quatre heures), sans les faire coïncider avec les boires et, au bout d'une semaine, Lili dormait bien toute la nuit. Aujourd'hui, elle se réveille parfois, mais se rendort toute seule (sa maman entend un bruit de succion, laissant penser qu'elle remet son poing dans la bouche pour se rendormir!). Les siestes se sont stabilisées: elle en fait deux par jour, d'une heure et demie chacune. En évitant la sieste de 18 heures, sa maman a réussi à la coucher de plus en plus tôt, vers 20 heures. Elle a remarqué que Lili prend de meilleurs repas dans la journée et semble très joviale.

Hyperactivité

Il est fréquent que les enfants très actifs ou ceux qui sont aux prises avec un trouble du déficit de l'attention et d'hyperactivité (TDAH) aient des problèmes de sommeil. Ceux-ci se traduisent surtout par une résistance à se coucher et des problèmes d'endormissement, la plupart du temps liés à l'attitude d'opposition qui caractérise ces enfants. Ils ont aussi un sommeil plus agité. De plus, la prise de médicaments comme les psychostimulants (*Ritalin*®, *Concerta*®) a des effets secondaires qui empirent souvent la tendance naturelle à ne pas s'endormir facilement. La présence de tics ou un problème d'énurésie (pipi au lit la nuit), deux éléments souvent associés à cette pathologie, ont un effet négatif empirant le problème.

Une bonne hygiène de sommeil devient donc plus importante pour aider l'enfant à s'endormir. En outre, il faut parfois être très strict en ce qui concerne les excitants: puisque ces enfants sont plus sensibles aux stimulants, il est préférable qu'avant de se coucher, ils évitent de faire du sport, de boire des boissons gazeuses, d'écouter la télévision ou de jouer à des jeux vidéo… Par ailleurs, il faut savoir qu'ils ont parfois besoin de moins d'heures de sommeil que les autres enfants; il faut donc prendre en compte cet état de fait.

Il est possible d'offrir à ces enfants certains produits relaxants naturels ou homéopathiques et de leur proposer quelques méthodes de relaxation (tel que discuté antérieurement) : cela est susceptible de les aider à s'endormir et de leur donner une meilleure qualité de sommeil. On peut également aider l'enfant à se détendre en lui fournissant des stimulations proprioceptives, comme le couvrir avec une couverture lourde ou déposer un sac de sable sur son ventre (voir la section *Ressources*, à la page 109). Il peut cependant être nécessaire de discuter avec le médecin de la possibilité de diminuer la dose ou de changer de sorte de psychostimulants, sans pour cela nuire à l'efficacité du traitement.

Que peut-on proposer pour l'aider ? Tout d'abord, il importe de s'assurer de l'état de santé de l'enfant. Ronfle-t-il ? Cela pourrait expliquer les réveils au cours de la nuit. Le cas échéant, il faut consulter un médecin (voir la section portant sur l'apnée obstructive, page 77). Il importe ensuite de voir à un environnement physique adéquat : la routine de la soirée ne pourrait-elle pas être un peu modifiée ? Il faudrait également éviter de le laisser boire après le souper, afin qu'il ne soit pas obligé de se lever pendant la nuit pour aller aux toilettes. Il serait plus avisé de ne pas le laisser écouter la télévision au moins une heure avant de se coucher, peut-être même éviter complètement de l'écouter jusqu'à ce que la situation s'améliore. Peut-être devrait-il, pendant la soirée prendre son bain ou une douche juste avant le coucher, afin de profiter de la détente que cela procure.

Certains enfants sont très sensibles aux changements d'environnement et d'activités ; dans ce cas, mieux vaut que l'enfant aille dans sa chambre immédiatement après le bain et qu'il y reste pour la nuit. Il peut lire ou avoir un échange calme avec un parent pendant quelques minutes. Enfin, il est important de déterminer si 19 h 30 est une heure appropriée pour lui, car ces enfants sont généralement de petits dormeurs. Il pourrait s'avérer nécessaire de retarder l'heure du coucher, évitant ainsi bien des crises (voir s'il s'endort mieux durant la fin de semaine, alors qu'il se couche plus tard). On peut également proposer une détente lorsque l'enfant est dans son lit, lui faire écouter une musique calme (bruit de vagues, de vent), ou encore utiliser une méthode de relaxation, comme les respirations contrôlées, par exemple.

Au début, il est souvent nécessaire que le parent accompagne l'enfant dans ses nouvelles techniques, pour s'assurer que le tout est bien fait. Il ne faut pas éterniser le processus non plus. Il est raisonnable d'y allouer une période d'environ 15 minutes.

On peut utiliser des produits naturels ou homéopathiques pour faciliter le processus ; cela montre à l'enfant que ses efforts portent fruit. Il pourrait être indiqué de ne pas lui dire qu'il prend des produits qui l'aident à s'endormir ; il peut être mieux de lui dire que ce sont des vitamines, par exemple. Sinon, l'enfant risque d'attribuer le succès de la démarche seulement à la prise du produit naturel ou homéopathique. En réalité, le succès réside plutôt dans l'ensemble des modifications apportées au rituel, et non pas à un seul changement. Il est aussi important d'encourager l'enfant à faire ces changements, de lui rappeler combien on est fier de ses efforts et de souligner ses résultats au fur et à mesure de la démarche. À cet égard, la méthode du calendrier (ou encore du ticket modérateur) pourrait s'avérer très stimulante. On peut s'attendre à une amélioration de la situation, à l'intérieur d'un délai de deux semaines à un mois.

Mathieu, 7 ans, est en deuxième année. Il prend du *Rilatin*® (5 mg) deux fois par jour. Depuis longtemps, il a de la difficulté à s'endormir. Il arrive que cela lui prenne une heure avant d'y arriver. Il écoute souvent une émission de télévision calme avant de se coucher, vers 19 h 30. Il joue au soccer, le soir, deux fois par semaine. Ses parents précisent qu'il n'a jamais bien dormi et que son sommeil a toujours été agité.

Plusieurs facteurs peuvent interférer sur l'endormissement. On peut en effet se poser quelques questions: le *Ritalin*® nuit–il à son endormissement? S'il n'en prend pas, s'endort-il mieux? S'endort-il mieux lorsqu'il se couche plus tard? Comment s'endort-il, lors des soirées où il joue au soccer? Est-ce différent des autres soirs? Y a-t-il des moments où il s'endort plus facilement?

Observons maintenant le rituel de la soirée et la routine du coucher de Mathieu. Lorsqu'il n'a pas d'activité particulière le soir, il prend son bain après le souper, joue calmement et prend une collation en regardant la télévision pendant une trentaine de minutes. Ensuite, il se brosse les dents et va dans son lit. Il dort la porte ouverte, avec une veilleuse et son petit toutou Pollux qu'il a depuis qu'il est tout petit. À partir de ce moment, il tourne, appelle ses parents ou se lève pour boire de l'eau, faire pipi, bref pour toutes sortes de raisons. Ce manège dure jusqu'à ce que son père se fâche et cela entraîne généralement une crise de larmes. Il finit par se calmer et s'endort vers 21 heures, parfois même 22 heures. Il se lève une ou deux fois la nuit, pour aller aux toilettes ou, à l'occasion, pour voir ses parents qui le retournent immédiatement dans son lit. Parfois, il arrive à dormir toute la nuit sans se réveiller. Il se lève généralement vers 6 heures, prêt à entreprendre sa journée.

Solutions proposées

Dans ce cas, il y aurait des modifications à amener dans sa routine (éliminer le télévision prendre son bain plus tard… Il lui est aussi proposé de prendre de la valériane (produit naturel) 30 minutes avant de se coucher. Il faudrait aussi éviter les livres d'aventures qui le maintiennent éveillé trop longtemps le soir. Une couverture lourde, de type «catalogne», par exemple, est proposée. De plus, comme il s'endort plus rapidement la fin de semaine, soit vers 21 heures, sa mère le couche vers 20 h 30. Aussi, il va visiter le site Internet sur le sommeil (voir la section *Ressources*, à la page 109) qui l'aide à comprendre ces démarches.

Résultat

Dans le mois qui suit, la situation s'améliore, il s'endort plus rapidement… et lui-même se sent mieux, est plus reposé et sent que ça va mieux à l'école.

Épilepsie frontale et myoclonies

L'épilepsie frontale et les myoclonies sont des manifestations qui peuvent survenir jusqu'à dix fois au cours d'une même nuit : l'enfant sursaute violemment, fait des mouvements brusques, tremble, crie ou pleure. Les épisodes peuvent faire penser à des terreurs nocturnes, mais à la différence de ces dernières, ils se produisent tout au long de la nuit et non seulement au début. Ils surviennent plus souvent : leur fréquence peut même devenir quotidienne. On remarque ces épisodes chez les enfants atteints à partir de l'âge de 4 ou 5 ans. Il arrive qu'on les confonde avec les rythmies nocturnes (ces dernières se manifestent cependant plus souvent lors de l'endormissement). Par ailleurs, l'épilepsie frontale et les myoclonies provoquent la plupart du temps des tics, de la fatigue et des changements de comportement et conduisent parfois à des retards de développement quand les manifestations se produisent depuis longtemps. Il est donc essentiel de consulter un médecin qui, après certains examens, prescrira la médication nécessaire si le diagnostic se confirme.

Atteintes neurologiques *(encéphalopathie, épilepsie, troubles envahissants du développement, autisme, syndromes génétiques)*

Il y a une forte corrélation entre les troubles neurologiques et les difficultés de sommeil. Selon de nombreuses études, on remarque des problèmes de sommeil chez 50 à 60 % des enfants qui en sont atteints. Une dysfonction cérébrale et un retard de maturation du système de régulation sommeil-éveil en seraient responsables. On constate souvent des problèmes de rythmes circadiens. On remarque aussi un manque de sensibilité aux stimuli extérieurs chez ces enfants, ce qui explique que leur horloge biologique est moins bien définie. De plus, comme l'enfant a souvent un problème de perception des stimuli visuels ou des contacts sociaux inadéquats, on peut voit surgir des problèmes qui se traduisent par des périodes d'éveils prolongés (variant entre une et quelques heures par nuit), par un retard d'endormissement ou encore par des difficultés à dormir à des heures appropriées. L'organisation du sommeil est altérée de façon variable, selon le degré d'atteinte neurologique. De plus, certains syndromes sont connus pour provoquer une sécrétion inappropriée de la mélatonine, conduisant parfois jusqu'à une inversion du rythme circadien, amenant de la somnolence au cours de la journée.

Il est parfois indiqué de prendre des suppléments de mélatonine pour réorganiser les cycles éveil-sommeil. Malheureusement, les études ne démontrent pas clairement l'efficacité de ce supplément de mélatonine. Par contre, en le combinant avec d'autres stratégies, comme le renforcement des rituels de coucher (il en a déjà été question), il peut y avoir une amélioration de la situation. Il est en effet possible de renforcer des routines de sommeil en tenant compe du niveau de compréhension de l'enfant.

On peut utiliser des pictogrammes (tableaux imagés d'activités quotidiennes) pour l'aider à mieux comprendre les activités qui précèdent l'heure du coucher. De plus, il faut être très rigoureux sur les routines et les heures de coucher pour faciliter l'intégration des rythmes circadiens. Il faut également éviter que l'enfant s'endorme n'importe où et à n'importe quelle heure de la journée. Plus le parent sera rigoureux dans l'alternance du sommeil et de l'éveil, meilleure deviendra l'horloge interne de l'enfant. En choisissant un endroit sombre et sans bruit, en offrant une couverture lourde ou un sac de sable (pour aider à le calmer, à augmenter le contact avec son lit et à limiter les mouvements pouvant nuire à l'endormissement) et en permettant à l'enfant de prendre avec lui un objet qui pourrait remplacer la présence parentale, on favorise un meilleur endormissement.

Christopher, 5 ans, est atteint d'un trouble envahissant du développement (TED). Il se couche à 19 heures, mais ne s'endort que vers 22 heures, et souvent avec un biberon. Il se réveille vers 2 ou 3 heures du matin, semble en forme, chante, joue dans sa chambre… et réveille toute la maisonnée. Malgré l'intervention de ses parents, qui veulent le recoucher, il prend deux à trois heures pour se rendormir, même si à l'occasion son père se couche avec lui, l'empêchant ainsi de se promener et de jouer. Toute la famille est fatiguée et on ne trouve pas de solution. Depuis longtemps, les nuits sont problématiques, mais cela semble avoir empiré depuis le changement d'heure du printemps.

Observons la routine du coucher : il joue un peu aux autos, prend son bain et ensuite devient très excité, refusant d'aller se coucher. Vers 21 h 30, ses parents lui donnent un biberon qu'il prend devant la télé. Cela semble être la seule façon que les parents ont trouvé pour l'endormir. Ensuite, ses parents le reconduisent dans son lit. Il dort avec un toutou et la porte de la chambre demeure ouverte. Il n'y a pas de toile opaque aux fenêtres et il fait donc assez clair dans sa chambre. Il peut réussir à dormir toute la nuit à l'occasion, surtout lorsqu'il ne fait pas de sieste le jour ou encore s'il va à l'école. Actuellement, il se réveille à deux heures du matin et peut prendre deux heures pour se rendormir. Il se lève et se promène. Même si son père va se coucher avec lui, il ne finit par s'endormir que vers 4 heures du matin et il reprend un biberon d'eau. Il termine sa nuit vers 8 heures, sauf pendant la période scolaire, car sa mère doit le réveiller vers 6 h 30. Il a alors tendance à faire des crises qui se répètent au cours de la journée

Solutions proposées

Son pédiatre lui a prescrit du *Risperdal®* pour réduire les crises qui sont fréquentes. Voyons ce qui devrait être proposé : dans tous les cas d'atteintes neurologiques, les repères de temps devraient être très forts et facilement identifiables par l'enfant. On devrait mettre en place un bon rituel, répété chaque soir. De plus, il est suggéré de faire cesser la sieste.

Dans le cas de Christopher, on devrait faire toutes les activités calmes avant le bain ; l'enfant devrait ensuite rester dans sa chambre avec son père ou sa mère et regarder un livre ou faire rouler sa voiture dans son lit. Puisqu'il a toujours une petite voiture à la main, il devrait en avoir une dans son lit toute la nuit comme objet de transition. Il boit maintenant du lait dans un verre avec une paille en caoutchouc (qui ressemble à la tétine de biberon) et garde son verre vide dans son lit comme toutou. On laisse en permanence un verre d'eau sur sa table de chevet pendant la nuit. Une couverture lourde ainsi qu'un sac magique, qu'il met sur ses épaules, semblent réduire ses mouvements, l'incitant à rester au lit.

Sa mère le couche vers 21 heures ; elle a calfeutré la fenêtre de sa chambre pour qu'aucune lumière ne puisse entrer et sa porte est fermée. Une veilleuse reste allumée toute la nuit. Elle lui a aussi donné de la mélatonine, selon les conseils de son pédiatre, en plus du *Risperdal®*.

Résultat

Graduellement, dans les semaines qui ont suivi, Christopher a appris à s'endormir sans biberon, il se relève de moins en moins et les réveils au cours de la nuit diminuent. Les doses de mélatonine ont été modifiées : au début, sa mère devait lui redonner de la mélatonine lorsqu'il se réveillait la nuit ; graduellement, il s'est rendormi plus rapidement. S'il se réveillait, il buvait un peu d'eau. Tranquillement, les nuits se sont mieux déroulées et les réveils ont presque cessé.

Le sommeil et les bébés prématurés

Comme nous l'avons vu, les cycles de sommeil se développent déjà *in utero*. On peut donc s'attendre à ce que le bébé prématuré puisse bien dormir lui aussi. Dans les faits, les bébés prématurés ont à peine plus de problèmes de sommeil que les bébés nés à terme. On remarque une organisation des cycles de sommeil environ un mois après le retour à la maison, lorsque les parents ont organisé les activités de boires, de sommeil, etc. (facteurs de *Zeitgebers*).

Ce qui est particulier dans le cas de ces bébés, c'est l'inquiétude bien compréhensible des parents que leur début de vie précaire a créée et qui amène ceux-ci à les surprotéger, à répondre aux moindres pleurs et à toujours les prendre dans leurs bras, ce qui est fort compréhensible. En outre, ils ont le souci de faire rapidement prendre du poids à ces bébés qui sont si petits. Toutes ces raisons font en sorte que souvent, et pour longtemps, on crée de mauvaises habitudes de sommeil.

Cependant, en y voyant rapidement, on peut éviter ces problèmes. Vers 4 à 6 mois d'âge corrigé, le bébé prématuré devient assez mature au plan neurologique pour avoir la capacité de dormir toute la nuit. Il faut également savoir que le manque de régulation, d'autocontrôle (que ce soit pour la faim, le sommeil ou le besoin de se faire consoler, etc.) s'exprime par des enfants plus irritables, ce qui nuit à l'introduction de bonnes habitudes de sommeil. Dès le retour à la maison, l'horaire des boires et des siestes peut devenir plus régulier. Les allaitements à la demande peuvent nuire à l'acquisition des cycles de sommeil. Comme l'autorégulation (je n'ai plus faim, je suis fatigué, je dois me calmer) est très difficile à acquérir pour bon nombre de prématurés, les parents doivent aider leur enfant en instaurant une routine dès le retour à la maison. On suggère d'ajuster le rythme des boires entre trois et quatre heures, selon la quantité bue :

- le bébé boira à toutes les trois heures s'il ne boit que 60 mL, incluant les boires de nuit ;
- graduellement, s'il boit entre 60-75 mL, il pourra boire à toutes les trois ou quatre heures et sauter le premier boire de la nuit ;
- s'il boit entre 75 et 90 mL, on pourra adopter un horaire de quatre heures et le bébé pourrait sauter un deuxième boire la nuit ;
- en buvant 90 Ml et plus, un bébé peut dormir toute la nuit.

Il est cependant important de le faire boire régulièrement le jour (au moins aux quatre heures) et d'éviter de le réveiller pour le faire boire la nuit. Si cela s'avère nécessaire, on peut aussi le faire patienter avec un peu d'eau pour régulariser les intervalles des boires. Les bébés qui boivent trop fréquemment n'apprennent pas facilement les rythmes de la journée, c'est-à-dire boire et dormir en alternance. Si la fréquence des boires est trop rapprochée, les cycles de sommeil ne peuvent pas bien s'installer.

On doit établir une routine du coucher et des rituels qui permettent au bébé d'apprendre à s'endormir seul. On doit aussi l'aider à développer des moyens pour se consoler, au lieu que ses parents le fassent pour lui. Il faut l'encourager à sucer son poing ou serrer une couverture, par exemple. Par contre, lors d'une crise, on doit aider le bébé prématuré à se consoler en le laissant dans son lit, tout en soutenant sa tête et ses fesses, en le berçant jusqu'à ce qu'il se calme ou encore en exerçant une pression intermittente et rythmée, au niveau de sa poitrine, le maintenant plus en contact avec son matelas. Un petit sac de sable et une couverture lourde vendus dans des boutiques spécialisées (voir la section *Ressources*, à la page 109) peuvent aussi être utilisés.

Ces trucs conviennent aussi pour certains bébés et jeunes enfants qui ont de forts tempéraments puisque, une fois en crise, il leur est difficile de se calmer. On peut calmer l'enfant en le prenant dans ses bras et en appliquant une certaine pression jusqu'à ce que les pleurs diminuent, pour ensuite le remettre dans son lit.

En conclusion lorsque le bébé est petit et que sa santé est encore instable (moniteur, oxygène, reflux, coliques), il est normal qu'il demande plus d'aide, mais plus sa situation de santé se stabilise, plus il est prêt à être encouragé à s'endormir seul.

Le sommeil et l'adoption

On comprend aisément l'impact émotif de l'adoption tant chez l'enfant que chez ses parents adoptifs ; le sommeil n'est pas épargné. Depuis sa naissance, l'enfant adopté a vécu plusieurs séparations qui sont autant de deuils. Lorsqu'il arrive définitivement dans une famille, il a déjà dû s'adapter à toutes sortes de changements : séparation de sa mère biologique, séparation de l'orphelinat ou de la nounou, d'une famille d'accueil, etc. Il faut être conscient que l'enfant adopté a vécu une perte profonde, celle de sa mère biologique, mettant ainsi en péril le sentiment de protection parentale dont tout enfant a besoin. Cela place les parents adoptifs face à des enfants anxieux et en manque de sécurité. Ces parents ont un rôle très important à jouer pour que l'enfant parvienne à développer ce sentiment de sécurité ainsi que des moyens d'autocontrôle pour parvenir à s'endormir seul.

Selon les spécialistes en adoption, il est préférable de répondre aux pleurs des enfants récemment adoptés pour favoriser les liens d'attachement. Par contre, ces enfants ont parfois développé des stratégies pour s'endormir seuls (surtout s'ils étaient en orphelinat) ; il est alors indiqué de poursuivre ces habitudes.

Pour favoriser l'attachement et les liens affectifs, il est bon d'accompagner l'enfant dans les étapes qui précèdent le coucher. Cependant, on évitera que l'enfant devienne dépendant du nouveau parent pour s'endormir, puisqu'il a déjà traversé ces étapes. Toutefois, il faut écouter un bébé qui semble n'avoir aucune routine de sommeil et qui panique lors de la séparation au coucher. Dans ce cas, le parent devrait attendre quelques mois avant d'entreprendre des méthodes de sevrage de présence parentale et il devrait être sensible aux signes d'attachement, attendant qu'ils soient clairement installés.

Il est très fréquent de constater que les enfants adoptés manifestent des épisodes de terreurs nocturnes, surtout reliés à l'anxiété secondaire face aux multiples adaptations qu'ils vivent. Rien n'empêche de suivre les conseils de prévention et d'adopter une routine d'endormissement pour favoriser de bonnes habitudes de sommeil (routine de coucher) et pour consolider l'horloge biologique parfois malmenée par le décalage horaire. La technique de la chaise pour favoriser le retrait progressif du parent est tout indiquée dans ces cas et, selon l'âge, le recours à la méthode du calendrier peut s'avérer très efficace. L'utilisation de la valériane peut être très utile chez ces enfants qui réagissent très fortement à la séparation. Un sac de sable déposé sur le thorax ou une couverture lourde pour les couvrir peuvent aussi les aider à se sentir plus en sécurité.

En tout temps, on se fiera à son instinct, à ses émotions ainsi qu'à ses limites devant les pleurs du jeune enfant afin de pouvoir intervenir pour le mieux.

CONCLUSION

Parents, vous êtes ceux qui connaissez le mieux votre enfant et vous êtes donc en mesure de trouver la meilleure façon de régler les problèmes liés à son sommeil. Sentez-vous d'abord rassurés à la pensée que les enfants de tous les âges réussissent à traverser les étapes de régulation du sommeil sans trop de difficulté.

Bien des parents s'en veulent de ne pas avoir agi plus rapidement pour régler un problème de sommeil chez leur enfant. Or, vous savez maintenant que, prises tôt, ces situations se règlent plus facilement. De plus, il est facile de voir venir les rechutes et de les éviter. Les résultats ainsi obtenus sont sources de fierté et de réussite autant pour l'enfant que pour vous. Pour l'enfant, si jeune soit-il, c'est souvent sa première réussite, son premier défi relevé. Pour vous, c'est un repos bien mérité et un retour à l'équilibre familial.

Toutefois, si votre enfant présente un problème de santé particulier, vous ne devez pas hésiter à consulter un spécialiste afin de vous aider à améliorer plus rapidement la situation.

De nos jours, bien des parents sont réticents à laisser pleurer leur enfant à l'heure du coucher et pendant la nuit. Comprenant mal que les pleurs représentent pour le bébé ou le jeune enfant une façon de communiquer qui lui est propre, ils sont souvent découragés par l'ampleur du problème. Alors, que faire? Le père et la mère devraient élaborer un plan d'intervention et l'un et l'autre devraient alterner dans l'application des actions décidées. La situation devrait se rétablir rapidement. Dans le cas contraire, n'hésitez pas à demander de l'aide au pédiatre, à l'infirmière, à l'éducatrice de garderie, à un autre parent ou aux grands-parents. Tous les encouragements sont nécessaires pour en arriver, enfin, à mieux dormir.

Comme parents en quête de sommeil, vous devriez vous sentir maintenant d'attaque et mieux outillés pour prévenir et, s'il le faut, pour régler les problèmes de sommeil de votre enfant.

RÉFÉRENCES BIBLIOGRAPHIQUES

BUSCEMI, N. et M. WITMANS. «What is the role of melatonin in the management of sleep disorders in children?». *Pædiatrics and Child Health* 2006 11 (3): 517-519.

CHALLAMEL, M-J. et M. THIRION. *Mon enfant dort mal.* Paris: Pocket, 2003.

FERBER, R.A. *Solve Your Child Sleeping Problems.* New York: Simon and Schuster, 1985.

HOBAN, T.F. «Sleep an its disorders in children». *Seminars in Neurology* 2004 24 (3): 327-338.

HOWARD, B.J. et J. WONG. «Sleep disorders». *Pediatrics in Review* 2001 22 (10): 327-341.

MARTEL, M-J. et I. MILLETTE. *Les soins du développement: des soins sur mesure pour le nouveau-né malade ou prématuré.* Montréal: Éditions du CHU Sainte-Justine, 2006.

NIEDERHOFER, N. et al. «Brief report: Melatonin facilates sleep in individuals with mental retardation and insomnia». *Journal of Autism and Developmental Disorders* 2003 33 (4): 469-471.

OWEN, J.A. et M. WITMANS. «Sleep problems». *Current Problems in Pediatric and Adolescent Health Care* 2004 34 (4): 154-179.

SPLAINGARD, M. «Sleep Medicine». *Pediatric Clinics of North América* 2004 51 (1): 236 p.

RESSOURCES

Livres pour les parents

ANTIER, E. *Mon bébé dort bien.* Paris: Jacob-Duvernet, 2005. 119 p.

BRAZELTON, T.B. et J.D. SPARROW. *Votre enfant et son sommeil.* Paris: Fayard, 2004. 166 p.

CHALLAMEL, M-J. et M. THIRION. *Mon enfant dort mal.* Paris: Pocket, 2003. 383 p.

CHICOINE, J-F., P. GERMAIN et J. LEMIEUX. *L'enfant adopté dans le monde en quinze chapitres et demi.* Montréal: Éditions du CHU Sainte-Justine, 2003.

DIDIERJEAN-JOUVEAU, C. *Partager le sommeil de son enfant.* Genève: Jouvence, 2005. 93 p.

GALARNEAU, S. *Fais dodo mon trésor: comment favoriser le sommeil de votre enfant.* Beauport (Qc): MNH, 2001. 178 p.

GURNEY, M. *Fais dodo! Résoudre les troubles du sommeil de la naissance à six ans.* Montréal: Hurtubise HMH, 2006. 160 p.

Millpond Children's Sleep Clinic. Teach Your Child to Sleep: Solving sleep problems from newborn through childhood. Durrington (UK): Hamlyn Health, 2005.

RUFO, M. et C. SCHILTE. *Élever bébé: bébé dort bien.* Paris: Hachette Pratique, 2004. 126 p.

Livres pour les enfants

BIE, L. *Petit Léon est fatigué.* Namur: Mijade, 2004. 12 p. (Petit Léon) - 1 an +

TREMBLAY, C. *Floup dans le noir.* Montréal: Imagine, 2006. 22 p. - 1 an +

GEIGER, C. *Au lit!* Paris: Gautier-Languereau, 2006. 19 p. - 2 ans +

JOLIN, D. *Le sommeil perdu.* Saint-Lambert: Dominique et Compagnie, 2006. 24 p. (Toupie et Binou) - 2 ans +

ASHBÉ, J. *La nuit, on dort!* Paris: L'École des Loisirs, 2004. 33 p. (Pastel) - 3 ans +

BARCELO, F. *Les mains de ma maman.* Montréal: Imagine, 2006. 24 p. (Mes premières histoires) - 3 ans +

BERGERON, A.M. *Bon hiver, mon petit ourson chéri!* Waterloo: Michel Quintin, 2004. 32 p. - 3 ans +

BRIÈRE, P. *C'est la nuit - drôles de bruits!: un conte à lire avant d'aller au lit.* Laval: Les 400 coups, 1998. 31 p. (Bonhomme sept heures) - 3 ans +

DEMERS, D. *Tous les soirs du monde.* Montréal: Imagine, 2005. 32 p. - 3 ans +

GRATTON, A-A. *C'est l'heure d'aller au lit!* Montréal: Banjo, 2004. 24 p. (Le Raton Laveur) - 3 ans +

GUAY, M-L. *Bonne nuit Sacha.* Saint-Lambert: Dominique et Compagnie, 2003. 32 p. (Stella) - 3 ans +

LAMBLIN, C. *Louise ne veut pas dormir.* Paris: Nathan, 2002. 20 p. (Croque la vie) - 3 ans +

MATHIS, J-M. *Du bruit sous le lit.* Paris: Thierry Magnier, 2004. 35 p. - 3 ans +

POITRAS, A. *La fée des bonbons.* Saint-Lambert: Dominique et Compagnie, 2005. 30 p. - 3 ans +

ROSS, T. *Je ne veux pas aller au lit.* Paris: Gallimard, 2003. 24 p. - 3 ans +

TREMBLAY, C. *Bonne nuit Gabou.* Laval: Les 400 coups, 2005. 30 p. (Grimace) - 3 ans +

FÉRET-FLEURY, C. *Je ne trouve pas le sommeil.* Paris: Père Castor Flammarion, 2006. 25 p. (Les albums du Père Castor) - 4 ans +

De Saint Mars, D. *Lili ne veut pas se coucher.* Fribourg: Calligram, 1996. 43 p. (Max et Lili) - 6 ans +

Kochka. *Les petites lumières de la nuit.* Paris: Père Castor Flammarion, 2005. (Castor Benjamin) - 6 ans +

Levert, M. *Les nuits de Rose.* Saint-Lambert: Dominique et Compagnie, 1998. 22 p. - 6 ans +

Neveu, P. *Le sommeil et les rêves.* Mertzig: Zoom, 2006. 32 p. (Atomes crochus) - 6 ans +

Rastoin-Faugeron, F. *Le sommeil.* Paris: Nathan, 2002. 28 p. (En grande forme) - 6 ans +

Tibo, G. *Le petit géant somnambule.* Montréal: Québec Amérique Jeunesse, 2004. 66 p. (Mini-Bilbo) - 6 ans +

Mayer, M. *Il y a un alligator sous mon lit.* Paris: Gallimard Jeunesse, 2002. 24 p. (Folio benjamin) - 7 ans +

Dalloz, D. *À quoi rêvent les enfants?* Paris: Éditions Louis Audibert, 2002. 45 p. (Brins de psycho) - 8 ans +

Ressources sur le web

Bons trucs, bons dodos!
Service vie
www.servicevie.com/02Sante/Sante_jeunes/Jeunes04032002/jeunes04032002.html

Clef des champs (produits naturels)
www.clefdeschamps.net

Dodo, l'enfant do
PetitMonde
www.petitmonde.com/iDoc/Article.asp?id=24506

La grande aventure du sommeil expliquée aux enfants de 7 à 12 ans.
www.sommeil.org

Groupe Boiron (produits homéopathiques)
www.boiron.com/index_fr.asp

How to get your baby to sleep through the night
www.sleepsense.net

Sac de sable ou couverture lourde
www.fdmt.ca/catalogue

Taie d'oreiller ludique et éducative pour aider à aller au lit
www.cmykidz.com/fr/cmykidz.html

Terreurs nocturnes et cauchemars
PetitMonde
www.petitmonde.com/iDoc/Article.asp?id=4559

Troubles du sommeil chez l'enfant
Association sommeil et santé
www.sommeilsante.asso.fr/inform_troubles.html

Voyage au Pays de Naréha : musique et contes pour relaxation
pour les enfants de 5-10 ans [Cédérom]
www.raccourcis-vers-le-bonheur.com

Organismes d'aide

AU QUÉBEC

Éducation coup-de-fil

Téléphone : (514) 525-2573
Fax : (514) 525-2576
Courriel : ecf@bellnet.ca
www.education-coup-de-fil.com

Service de consultation professionnelle téléphonique gratuit, confidentiel et anonyme. Pour aider les parents à solutionner les difficultés courantes auxquelles ils sont confrontés.

La Ligne Parents

Ligne d'écoute : (514) 288-5555
Téléphone sans frais : 1-800-361-5085

Intervention et soutien téléphonique pour les parents d'enfants de 0 à 18 ans, 24 heures par jour, 7 jours par semaine. Gratuit, confidentiel et anonyme.

Service en Adoption internationnale

CSSS Jeanne-Mance
Installation Saint-Louis du parc
Tél. : (514-286-9657).
Personnes ressources : Dominica Labasi et Hélène Duchesneau
Soutien individuel et groupe de soutien pré et post adoption

En France

École des parents et des éducateurs - Fédération nationale

Coordonnées par département
www.ecoledesparents.org/epe/index.html

En Belgique / Luxembourg

Allô Info-Familles

Téléphone : 02 513 11 11
www.ecoledesparents.be/aif.html?menu=106

Services de guidance de l'enfance / Kanner Jugendtelefon

Téléphone : 12345
www.12345kjt.lu/fr/infozone/fiche.html?theme_id=168

En Suisse

École des parents

Coordonnées par région
www.lausannefamille.ch/ecoledesparents

Fédération suisse pour la formation des parents FSFP

Passage St-Antoine 7
1800 Vevey
Téléphone / Fax 021 922 31 22
Courriel : fsfp@bluemail.ch
www.formation-des-parents.ch

OUVRAGES PARUS DANS LA MÊME COLLECTION

AU FIL DES JOURS... APRÈS L'ACCOUCHEMENT
L'équipe de périnatalité de l'Hôpital Sainte-Justine
ISBN 2-922770-18-4   2001/96 p.

AU RETOUR DE L'ÉCOLE...
LA PLACE DES PARENTS DANS L'APPRENTISSAGE SCOLAIRE
2ᴱ ÉDITION
Marie-Claude Béliveau
ISBN 2-922770-80-X   2004/280 p.

COMPRENDRE ET GUIDER LE JEUNE ENFANT
À LA MAISON, À LA GARDERIE
Sylvie Bourcier
ISBN 2-922770-85-0   2004/168 p.

DE LA TÉTÉE À LA CUILLÈRE
BIEN NOURRIR MON ENFANT DE 0 À 1 AN
Linda Benabdesselam et autres
ISBN 2-922770-86-9   2004/144 p.

LE DÉVELOPPEMENT DE L'ENFANT AU QUOTIDIEN
DU BERCEAU À L'ÉCOLE PRIMAIRE
Francine Ferland
ISBN 2-89619-002-3   2004/248 p.

LE DIABÈTE CHEZ L'ENFANT ET L'ADOLESCENT
Louis Geoffroy, Monique Gonthier et les autres membres de l'équipe de la Clinique du diabète de l'Hôpital Sainte-Justine
ISBN 2-922770-47-8   2003/368 p.

DROGUES ET ADOLESCENCE
RÉPONSES AUX QUESTIONS DES PARENTS
Étienne Gaudet
ISBN 2-922770-45-1   2002/128 p.

EN FORME APRÈS BÉBÉ
EXERCICES ET CONSEILS
Chantale Dumoulin
ISBN 2-921858-79-7   2000/128 p.

ÊTRE PARENT, UNE AFFAIRE DE CŒUR – 2^E ÉDITION
Danielle Laporte
ISBN 2-89619-021-X   2005/280 p.

FAMILLE, QU'APPORTES-TU À L'ENFANT?
Michel Lemay
ISBN 2-922770-11-7   2001/216 p.
LA FAMILLE RECOMPOSÉE
UNE FAMILLE COMPOSÉE SUR UN AIR DIFFÉRENT
Marie-Christine Saint-Jacques et Claudine Parent
ISBN 2-922770-33-8   2002/144 p.

FAVORISER L'ESTIME DE SOI DES 0-6 ANS
Danielle Laporte
ISBN 2-922770-43-5   2002/112 p.

LE GRAND MONDE DES PETITS DE 0 À 5 ANS
Sylvie Bourcier
ISBN 2-89619-063-5   2006/168 p.

GRANDS-PARENTS AUJOURD'HUI
PLAISIRS ET PIÈGES
Francine Ferland
ISBN 2-922770-60-5   2003/152 p.

GUIDER MON ENFANT DANS SA VIE SCOLAIRE – 2^E ÉTIDION
Germain Duclos
ISBN 2-89619-062-7   2006/280 p.

L'HYDROCÉPHALIE: GRANDIR ET VIVRE
AVEC UNE DÉRIVATION
Nathalie Boëls
ISBN 2-89619-051-1   2006/112 p.

J'AI MAL À L'ÉCOLE
TROUBLES AFFECTIFS ET DIFFICULTÉS SCOLAIRES
Marie-Claude Béliveau
ISBN 2-922770-46-X   2002/168 p.

JOUER À BIEN MANGER
NOURRIR MON ENFANT DE 1 À 2 ANS
*Danielle Regimbald, Linda Benabdesselam, Stéphanie Benoît
et Micheline Poliquin*
ISBN 2-89619-054-6   2006/160 p.

LES MALADIES NEUROMUSCULAIRES CHEZ L'ENFANT ET L'ADOLESCENT
*Sous la direction de Michel Vanasse, Hélène Paré, Yves Brousseau
et Sylvie D'Arcy*
ISBN 2-922770-88-5   2004/376 p.

MON CERVEAU NE M'ÉCOUTE PAS
COMPRENDRE ET AIDER L'ENFANT DYSPRAXIQUE
Sylvie Breton et France Léger
ISBN 978-2-89619-081-2   2007/192 p.

MUSIQUE, MUSICOTHÉRAPIE ET DÉVELOPPEMENT DE L'ENFANT
Guylaine Vaillancourt
ISBN 2-89619-031-7   2005/184 p.

LE NOUVEAU GUIDE INFO-PARENTS
LIVRES, ORGANISMES D'AIDE, SITES INTERNET
Michèle Gagnon, Louise Jolin et Louis-Luc Lecompte
ISBN 2-922770-70-2   2003/464 p.

PARENTS D'ADOS
DE LA TOLÉRANCE NÉCESSAIRE À LA NÉCESSITÉ D'INTERVENIR
Céline Boisvert
ISBN 2-922770-69-9   2003/216 p.

LES PARENTS SE SÉPARENT...
POUR MIEUX VIVRE LA CRISE ET AIDER SON ENFANT
Richard Cloutier, Lorraine Filion et Harry Timmermans
ISBN 2-922770-12-5   2001/164 p.

POUR PARENTS DÉBORDÉS ET EN MANQUE D'ÉNERGIE
Francine Ferland
ISBN 2-89619-051-1   2006/136 p.